Auf die 40 zu

Auf die 40 zu

Von Rudolf Peil

mit Zeichnungen von Aurel Voigt

ISBN 3-8231-0887-5
Dieses Werk ist einschließlich aller seiner
Teile urheberrechtlich geschützt.
Jede Verwertung außerhalb der engen Grenzen des Urheberrechts
ist ohne Zustimmung des Verlages unzulässig und strafbar.
Dies gilt insbesondere für Vervielfältigungen, Übersetzungen,
Mikroverfilmungen und die Einspeicherung und
Verarbeitung in elektronische Systeme.

© 2001, Tomus-Verlag GmbH, München

Inhalt

Gourmets 7

Ladykiller. 15

Cappuccino 25

Rudolf II. 37

Marathon Man. 52

Die Kontaktanzeige 65

Blue Afternoon. 78

Einmal im Leben 87

Die Anhalterin 101

Internet. 111

Nadja 123
    Die Ehe. 123
    Der Seitensprung 129
    Die kleinen Teufelchen 135

Was für ein Abend! 145

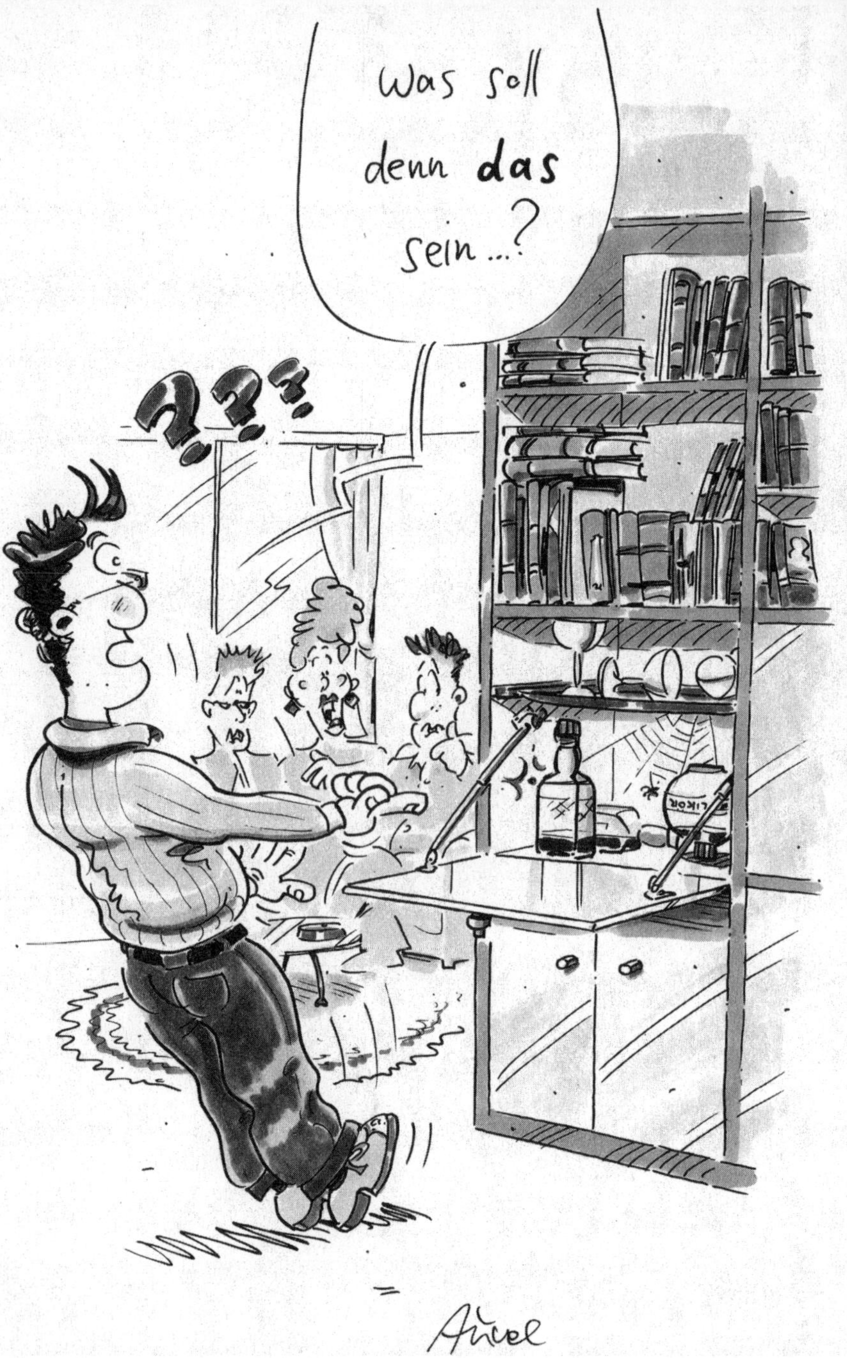
Was soll denn das sein ...?

Gourmets

Essen ist die Erotik des Alters. Hat Aristoteles gesagt. Wahrscheinlich hat er Essen und Trinken gemeint. Das Eine gehört zum Anderen wie das Andere zum Einen.

Jedenfalls haben meine Freunde (die, die sichs leisten können) angefangen, sich dieser neuen Form der Erotik anzunehmen.
Sie legen sich Weinkeller an, besuchen diverse Verköstigungen, studieren Kochbücher, speisen in teuren Restaurants und verbringen ganze Nachmittage und Abende damit, neue Rezepte auszuprobieren. Dann heißt es: abschmecken, würzen, pochieren, anbraten, abgießen, seihen, schälen. Weitere Nachmittage und Abende verbringen sie damit, ihre Rezepte am Telefon auszutauschen. Oder sie treffen sich zur Kochsession und kochen gemeinsam miteinander. Einige von meinen lieben Freunden haben bereits kleine Vermögen für ihre neue Leidenschaft ausgegeben.

Mein Freund Heinz hat es auf diesem Sektor zu höchster Vollendung gebracht. Pro Woche erfindet Heinz mindestens ein neues Gericht. Hauptingredienz: Alkohol.

Man nennt das: Verfeinerung. Wobei Heinz während des Kochens auch nicht wenig einfüllt. Seien es Weine oder Aperitifs. Doch damit nicht genug. Denn genauso oft wie er selber kocht, besucht Heinz Feinschmecker-Restaurants. Er kennt die Köche dort sogar persönlich (mit einigen duzt er sich), unterhält sich ausgiebig mit ihnen und hat mit ihnen auch schon zusammen gekocht. Zum Essen trinkt man Spinnwebenwein. Spinnwebenwein heißt: Jahrgang 1990 und älter.

Heinz ist Zahnarzt und verdient ausgezeichnet. Auch wenn er ständig über das harte Leben eines Zahnarztes klagt und sich darüber beschwert, wie hart er für das bisschen Einkommen schuften muss. Er leistet sich nur das Beste (unter anderem zwei Sportwagen).

Letzten Sonntag saßen wir mit unseren Freunden zusammen in meinem Wohnzimmer und schlürften Bouillabaisse. Meine Frau, die an sich von Kochen überhaupt nichts hält, hatte sich durch Heinz' eindringliches Zureden vierzehn Tage zuvor dazu überreden lassen, mit ihren Gewohnheiten zu brechen und mit ihm zusammen das Original provençalische Rezept der Suppe (Heinz hatte es von einem prominenten Koch aus Marseille geschenkt bekommen) auszuprobieren. Das ganze Experiment gestaltete sich sündhaft teuer, mussten dazu doch ein Dutzend verschiedener (ausgewählter) Fische gekauft werden. Von den speziellen Gewürzen und dem speziellen Weißwein (zur Veredelung) mal ganz zu schweigen.

Aber was tut man nicht alles für seine Freunde. In der

Küche roch es wie in einem Hafen, und meine Frau war fix und fertig.

„Hm ... Vorzüglich ... Hm ... Formidable", lobte Jochen die Bouillabaisse. „Auch wenn der Wein etwas dominant kommt."

„Das muss so sein", konterte Heinz. „Wir haben uns streng an das Rezept gehalten. Ist ein Original, quasi. Außerdem ist das Bouillabaisse und keine Fischsuppe."

„Werkimmanente Küche, sozusagen."

Jochen ist Deutschlehrer an einem Gymnasium.

Er brach ein Stück knuspriges Baguette ab, tunkte es in ein Schüsselchen mit einer stark knoblauchhaltigen Paste und schob es sich genießerisch in den Mund.

„Göttlich."

Ralf, ein Autoverkäufer mit Vollglatze und Nickelbrille, goss gekühlten Chablis in die mittlerweile nur noch viertelvollen Gläser nach.

„Hi. Dummheit frisst, Intelligenz säuft. Prost!"

Allgemeines Gelächter. Denn Ralf ist in der Runde nun wirklich nicht der, der die Weisheit mit Löffeln gefressen hat. Nichtsdestoweniger erfolgreich.

„Geiles Zeug ... Der Schabblii."

Frank füllte sich aus der Terrine noch einen Schlag Bouillabaisse auf.

„Dann muss ich ganz schön doof sein. Was meint ihr?"

Frank ist Atomphysiker und leitet eine Forschungsabteilung. Er hat bereits mehrere Fachbücher veröffentlicht und als einziger von meinen Freunden die Relativitätstheorie von Einstein verstanden.

„Also, relativ gesehen, ist die Suppe nicht zu schlagen. Kompliment!"

„Kitzeln die Suppenatome im Gaumen?" Meine Frau tunkte ihr Baguette in eine Kräuterquarkschale und kniff Frank gleichzeitig in die Seite.

„Oh, was fühle ich denn da? Sollte der liebe Frank mal wieder ein bisschen Sport machen?"

Frank lachte. „Keine Zeit."

Heinz trank seinen Chablis in einem Schluck leer.

„Ich muss furchtbar schlau sein ... Ein Genie. Nasdrowje."

„Und ein Gourmand", sagte meine Frau.

„Wie wär's denn mit einem Digestif?"

Ralf blickte meine Frau eher auffordernd als fragend an. Sie zuckte die Schultern.

„Digestif. An was hattest du da denn so gedacht?"

Ralf schielte auf mein – noch – verschlossenes Barschränkchen.

„Vielleicht einen schönen Malt-Whisky. Oder einen netten Cognac. So was halt."

„Genau", pflichtete Heinz ihm bei. „Aber wir sollten schon bei unseren Ausflügen in die Haute Cuisine in Frankreich bleiben. Ich empfehle Cognac."

Er warf einen gespielt strengen Blick auf mich. „Was hat der Hausherr seinen Freunden denn zu bieten?"

An dieser Stelle möchte ich beiläufig erwähnen, dass ich mir, im Gegensatz zu meinen Freunden, aus kulinarischen Dingen nicht viel mache (meine Frau auch nicht), sei es auf dem Sektor der festen Nahrung, sei es im Bereich der flüssigen. In der Wahl der Alkoholika bin ich alles andere als anspruchsvoll.

„Äh ... Wenn du mich so direkt fragst, Heinz ... Ich hätte da noch einen Weinbrand."

„Einen Weinbrand?!!"

(Hatte ich Zyankali gesagt?)

„Einen Französischen!"

Meine Frau versuchte zu retten, was zu retten war. Ich begann mich zu schämen.

Etwas unsicher stand ich auf und öffnete die Klappe des Barschränkchens.

Zwei halbleere Flaschen Wodka, eine viertelvolle Flasche Weinbrand.

„Tut mir Leid."

Betretenes Schweigen. Blicke, als wäre ich ein Schwerverbrecher.

Heinz stand auf und beugte sich über das Schränkchen, als gäbe es noch eine geheime Ecke, in der irgendwelche Schätze lagerten.

„Ich fasse es nicht."

„Heinz. Wenn ich erklären dürfte ..."

Heinz Blick war zu Eis erstarrt.

„Und das bei eurem Gehalt! Doppelverdiener! Das ... das ist die schlaffste Bar, die ich jemals – ich bin entsetzt! Erschüttert!"

Strafende Blicke. „Unglaublich ... Nein."

Heinz packte die Weinbrandflasche.

„Billiger (vollkommen angewidert) Fusel!"

„Heinz, ich ..."

Heinz baute sich vor mir auf und stemmte die Arme in die Hüften.

„Ja, glaubst du etwa, du lebst ewig?" Er zischte wie eine Kobra.

„Was meinst du damit?", fragte meine Frau.

Heinz machte eine theatralische Geste. „Wir alle hier, ihr und ich, haben die Hälfte unseres Lebens hinter uns gebracht. Vielleicht sogar schon mehr – wer weiß. Wer kann schon sagen, wie alt er wird. Und schon morgen kann alles vorbei sein. Ein Autounfall und schwupp! Herzinfarkt und schwupp!"

„Komm auf den Punkt!"

Heinz Augen rollten. „Kapierst du das denn nicht?"

„Nein", sagte meine Frau. „Wir kapieren's nicht."

Ralf räusperte sich. „Er will sagen: Jeder, also auch jeder von uns, lebt nur einmal. Und kurz. Deshalb muss man das Leben genießen. Hier und jetzt."

„Mit gutem Essen – und edlen Getränken. Das Leben ist zu kurz und zu schade für Fusel", konstatierte Frank. „Und wer weiß, schon morgen könnte ein Atomkraftwerk hochgehen.

Also – zumindestens kein deutsches. Die sind sicher. Absolut."

„Da hat er Recht", sagte Ralf. „Total Recht."

Heinz, sich seiner Zustimmung sicher, blickte auf mich herunter.

„Und was heißt das jetzt für die Zukunft?"

Ich holte tief Luft.

„Das heißt: Nie wieder in meinem kurzen Leben werde ich es wagen, euch, meinen lieben Freunden, Fusel anzubieten. Und mir selber auch nicht. Gleichzeitig gelobe ich – vor Zeugen –, dass ich meine Lebenseinstellung in Bezug auf Genussmittel völlig überdenke, nein, schon überdacht habe. Beim nächsten Besuch werde ich euch mit edelstem Cognac bewirten. Dem edelsten, den der deutsche Supermarkt zu bieten hat. Bei allem, was mir heilig ist."

Heinz setzte sich.
„Ich nehme dich beim Wort."
„Ich auch ... Ich auch." Ralf, Frank und Jochen waren sich mal wieder einig.
„Nichtsdestotrotz", sagte Heinz und griff sich die Weinbrandflasche. „Nichtsdestotrotz sollten wir jetzt den Weinbrand alle machen. Denn schon ein berühmter Philosoph hat einmal gesagt: Kriegst du nicht das, was du begehrst, musst du das begehren, das du hast. Hihi."

Eine Stunde später waren meine gesamten Alkoholvorräte erschöpft, und meine Freunde fuhren mit dem Taxi nach Hause. Heinz, so erzählte man mir später, soll wohl anschließend noch in einem Hotel abgestiegen sein und versucht haben, aus dem zweiten Stock heraus die Blumen auf dem Hotelrasen zu düngen.

Ladykiller

Joe ist achtunddreißig, mein Arbeitskollege, und geht einmal die Woche, meist freitags oder sonnabends mit mir auf die Piste. Er nennt das „seinen freien Abend".
Frei insofern, als er diesen einen Abend nicht mit seiner Lebensabschnittspartnerin (er besteht auf diese Bezeichnung) Lilly und seinen beiden fünf- und achtjährigen Kindern verbringt.
Die beiden leben seit nunmehr 11 Jahren zusammen in einer 70 Quardtatmeter Wohnung in Düsseldorf-Heerdt, ganz glücklich, wie er sagt. Solange er einmal die Woche raus darf.

Lilly möchte gerne heiraten, Joe nicht.
Lange wird er sich allerdings nicht rausreden können, denn Lilly macht Druck.
Joe möchte sich halt noch frei halten. Denn er glaubt felsenfest, dass Lilly noch nicht das letzte Argument in seinem Leben ist, jederzeit könne ihm die große, wirklich große Liebe noch über den Weg laufen. Und dann? Wie schrecklich, wenn er dann verheiratet wäre. Nein, Joe muss frei sein. Frei für die letzte große Liebe.

Dummerweise hat Joe nicht viel Zeit, der großen Liebe zu begegnen. Der Grund: Permanentkontrolle. Morgens fährt Joe zur Firma, tagsüber arbeitet er in der Firma, abends fährt er auf dem kürzesten Weg nach Hause. Den Abend und die Nacht verbringt er bei Lilly und den Kleinen.

Ihm bleibt nur der freie Abend. Fünf, sechs, manchmal sieben Stunden auf der Piste. Ob in Düsseldorf oder Köln. Lilly hat gesagt, ich soll auf ihn aufpassen.

Bei mir ist das anders. Mit neununddreißig bin ich schon ein Jahr älter und reifer. Ich lebe als Single und habe sieben freie Abende die Woche, dazu zwei komplett freie Tage. Keine Aufsicht weit und breit.

„Es müsste fantastisch sein, wieder Single zu sein."
„Ja, Joe. Wenn du ein paar gute Anzüge hast, einen Anrufbeantworter (ersatzweise Handy), eine große Wohnung."
„Das wär was für mich. Ganz sicher."
„Nein, Joe. Wär's nicht."

Wir saßen in seinem anthrazitfarbenen Passat-Kombi (da passen viele Kühltaschen rein, das Spielzeug der Kids, Wasserkästen usw.) und fuhren Richtung Innenstadt.

„Sag mal, Rudi, und sei ganz ehrlich, findest du eigentlich, dass ich für mein Alter attraktiv aussehe?"
Die Frage traf mich wie ein Schlag. „Keine falschen Schmeicheleien. Sag mir die Wahrheit."
Ich musste erst grübeln, bevor ich antwortete.

„Sagen wir mal: Du siehst gepflegt aus."

Joe blickte mich entsetzt an, der Wagen kam dabei leicht aus der Spur.

„Was heißt: Gepflegt?"

Was soll man dazu sagen? Joe ist immerhin mein Freund, mein bester sozusagen. Und allzu viele Freunde habe ich halt auch nicht.

„Gepflegt heißt: Du bist nicht direkt unattraktiv –"

„Aber auch nicht direkt attraktiv. Oder?!"

„Äh ..."

Um es mal kurz zusammenzufassen: Joe ist alles andere als attraktiv. Untersetzt, mit 90 Kilo zu schwer für seine 1,75, galoppierender Haarausfall und ein Gesicht von herausragender Derbheit (im Kontrast zu seinem eher sensiblen Wesen und damit der Gegenbeweis für das Oscar Wilde-Zitat: „Mit vierzig hat jeder das Gesicht, dass er verdient."). Dazu kommen noch zwei kleine graublaue Schweinsäuglein hinter einer Bifokalbrille (Kontaktlinsen wären hier auch keine echte Verbesserung) und schmale Juristenlippen.

„Na los. Sag schon!"

„Wie du willst. Also ... wenn ich eine Frau wäre, würde ich mich nicht nach dir verzehren."

„Findest du, dass ich älter aussehe?"

„Nein, Joe. Älter kann man nicht sagen. Aber du bist nun mal nicht der Typ, der –"

„Könnte ich aber sein, wenn ich wollte."

„Aber du willst doch."

„Vergiss es."

Joe bog in eine Hauptverkehrsstraße, einen Gang zu niedrig, der Motor rumorte.

„Findest du, dass ich Charme habe?"

Nein. Wenn Joe auch sonst alles hat, einen brillanten Geist, eine Wahnsinnsbegabung für Softwareprogrammierung, ein treffsicheres Händchen bei Geldanlagegeschäften –, aber Charme hat er wirklich nicht. Seinen Unterhaltungskünsten fehlt es an jeglicher Finesse, Fantasie, Witz, halt allem. Daran ändert auch nicht, dass er seinen Kindern aus dem Stand heraus Gutenachtgeschichten erfinden kann.

„Ja. Finde ich."

„Siehst du, Rudi. Das ist eben der Unterschied. Ich sehe vielleicht nicht ganz so gut aus, aber ich habe Charme. Das ersetzt Schönheit voll und ganz. Dir fehlt's halt an Charme, deshalb rennst du dreimal die Woche ins Fitnessstudio."

„Wenn du meinst ... dann wird es wohl so sein."

Wir begannen unsere Runde im Oberkasseler „LIEBEVOLL". Eine Kleinigkeit essen, ein paar Altbier und ein bisschen spannen. Joe trug einen schwarzen Boss-Anzug, weißes Hemd, silberne Krawatte. Das Sakko spannte etwas an den Schultern (was es beim letzten Mal nicht tat). Mit viel Gel hatte er die paar Haare, die ihm noch geblieben waren, in eine jugendkompatible Form gebracht.

Wir saßen in Eingangsnähe, und Joe hatte ein Mädchen am Tresen entdeckt. Offenbar hatte sie keinen Begleiter und rauchte fast ohne Unterbrechung.

„Heiße Braut, was?

Dann begann Joe von einem erfolgreichen Programm zu erzählen, das er selbst entworfen hatte. Er redete sehr laut, viel lauter als sonst. Irgendwann wurde mir klar, dass er die Aufmerksamkeit des Mädchens erregen wollte. Sein Gerede war demnach nur oberflächlich an mich gerichtet, es ging sogar soweit, dass er mich beim Reden gar nicht mehr anschaute. Seine Konzentration galt ausschließlich dem Mädchen mit den düsseldorfblonden Haaren und dem Syltgesicht. Sie nahm ihn nicht mal wahr.

Plötzlich stand Joe auf. „Entschuldige. Ich muss mal."
Joe machte sich auf den Weg. Dazu musste er ziemlich dicht an dem Mädchen vorbei. Und irgendwie versuchte er, ihren Blick zu erhaschen. Sie nahm ihn einfach nicht wahr. Als sei er aus Glas.

Als er sein Geschäft erledigt hatte, kam er abermals an ihr vorbei.
„Pardon. Dürfte ich mich vorstellen? Ich hei…"
„Nein."
„Aber …"
„Nein." Das Nein war giftgrün.

Joe hatte es dann plötzlich sehr eilig. „Lass uns hier raus!"
Er schwitzte ein wenig; offenbar fühlte er sich unwohl, denn offensichtlich hatte er den Spott einiger Gäste erregt, die demonstrativ zu ihm blickten.

„Das Lokal hat kein Niveau. Ich hab's ja gleich gesagt, Rudi."

Joe bezahlte die Rechnung und gab der Kellnerin ein mehr als großzügiges Trinkgeld, sodass alle es sehen konnten.

Gegen 22.40 Uhr betraten wir das „Check Up".

Der Laden war zur Hälfte gefüllt, kaum jemand war älter als 25. Die Mädchen trugen Miniröcke, Shorts, gemusterte Nylons, Pumps, tiefe Ausschnitte. Joes Augen traten aus den Höhlen, als sie über die Tanzfläche scannten.

Ich ging uns zwei Campari-Orange besorgen. Als ich zurückkam, war Joe bereits am Werk.

Er stand in betont lässiger Haltung neben einer platinblonden Zwanzigjährigen. Dichtes, kurzgeschorenes Haar, Lippenpiercing, Ohrpiercing, Schultertattoo. Ihr gertenschlanker Körper steckte in schwarzem Leder, der Bauch war unbedeckt. Die beiden unterhielten sich offensichtlich angeregt miteinander. Dann gingen sie tanzen.

Die Platinblonde tanzte wie eine Zwanzigjährige, Joe wie ein Achtunddreißigjähriger. Ein paar Mal schlug er sogar in die Hände, um Begeisterung für den knallharten Techno zu simulieren (Joe hasst Techno). Doch die Platinblonde teilte seine Begeisterung nicht. Sie tanzte mit geschlossenen Augen für sich selbst und entfernte sich immer mehr von Joe. Joe war nur noch Dekoration für ihren Auftritt. Als die Musik eine Pause machte, ließ sie ihn stehen. Nicht ohne ihm einen verächtlichen Blick zuzuwerfen. Das Urteil war gefällt.

Joe kam total resigniert zurück. „Kannst du nachher den Wagen fahren?"

„Klar doch."

„Okay." Dann bestellte sich Joe einen Dreifachen (sündhaft teuer).

„Ich fand die Braut eh nicht so toll. Dieses ganze Büromaterial in der Haut ..."

Er kippte den Dreifachen weg und ging wieder auf die Tanzfläche.

„Bis später, Rudi."

Seine neue Wahl war auf eine Brünette gefallen. Ein wenig zu üppig, aber ungemein erotisierend. Sie trug ein hautenges Stretchkleid und tanzte mit lasziven Bewegungen.

Durch die Lautsprecher drang Enigma. Gregorianische Choräle auf Disko.

Joe machte Show. (zuletzt hatte er das 1977 getan, als er Travolta imitierte.)

Blitzschnell drehte er sich um seine Achse, schwang die Hüften, ging spielerisch in die Kniebeuge, kam (fast) mühelos wieder heraus, fuhr mit den Armen durch die Luft, die Augen halb geschlossen, dabei die Brünette fixierend. Keiner tanzte so hingebungsvoll wie Joe.

Das Mädchen spielte mit und synchronisierte seine Bewegungen. Sie wich zurück und lockte Joe mit ihren Fingern: „Komm doch!"

Joe folgte.

Der Abstand der beiden verringerte sich zusehends. Sie

drehte sich und rieb ihren Rücken an Joes Brust. Joe nutzte die Gelegenheit, den etwas tiefer gelegenen Bereich des Rückens zu erkunden; Joe war im siebten Himmel. Er roch ihr Parfum, während sie wie zwei Schlangen den Zauber der Musik in sich einsogen. Wobei Joe aber noch klar genug war, mir zwischendurch einmal kurz zuzublinzeln.

Mittlerweile tanzten die beiden alleine, der Rest der Tanzenden hatte das Feld geräumt, um sich die Show vom Rande der Tanzfläche aus anzuschauen. Joe entwickelte sich zum Star des Dancefloor.

Noch ein Enigma-Song. Mea Culpa. Die süße Stimme von Sandra Cretu.

Joes Hände hatten jetzt einen festen Platz an ihrer Hüfte. Polonaise. Sie nutzten die gesamte Tanzfläche, Joe küsste ihre Ohrläppchen. Vielleicht sah Joe doch gar nicht so schlecht aus, wie ich gedacht hatte, vielleicht hatte Joe doch Charme. Na ja ... einige Frauen finden sogar den Bundeskanzler sexy.

Dann löste sich aus dem Publikum ein zwanzigjähriger Hüne (mindestens 1,90), muskulös, Feinripphemd, knallenge Jeans. Selbstbewusst, fast genussvoll, ging er über die Tanzfläche und blieb vor den Tanzenden stehen. Joe sah einen Schatten über sich. Dann spürte er, wie sich das Mädchen von ihm löste. Einen kurzen Augenblick später küsste sie den Hünen wild und leidenschaftlich mitten auf der Tanzfläche. Dabei schlug sie ein Bein um ihn.

Joe stand wie hypnotisiert daneben. Zur Salzsäule erstarrt. „Aber ... Aber."

Dann ging das Mädchen mit dem Hünen zurück in eine Gruppe von jungen Leuten.

Das Mädchen zeigte auf Joe, während sie mit ihren Freundinnen tuschelte. Prustend schauten sie zu ihm herüber.

Joe kam zurück. Hinter ihm füllte sich die Tanzfläche augenblicklich wieder.

„Meinst du, es ist gelaufen?"

„Ja."

„Schade. Ich glaube, wenn ich meinen Charme hätte ausspielen können, wäre der Typ total chancenlos gewesen."

Joe bestellte noch einen Dreifachen.

„Weißt du, Rudi, die stand auf mich. So was spüre ich. Wahrscheinlich kannte sie den Typ nur länger. Ansonsten ..."

Er kippte den Dreifachen, überreichte mir den Autoschlüssel und schlug vor, noch einen Nachtklub zu besuchen.

„Nein."

„Warum nicht?"

„Darum."

Auf der Rückfahrt hörten wir Jazz. Stan Getz: *„One note Samba."*

„Findest du eigentlich, dass ich attraktiv bin?"

„Joe! Du bist nicht hyperattraktiv. Aber gepflegt halt."
Joe grübelte. „Also nicht attraktiv?"
„Nein, Joe. Nicht attraktiv. Aber du bist halt ... na ja ... halt achtunddreißig."
„Danke."

Cappuccino

Lieben Sie italienischen Kaffee?
Ja?
So richtig heiß mit locker geschäumter Milch?
Besitzen Sie eine von diesen wunderschönen – und nicht gerade billigen – Maschinen, mit denen man/frau an die zwanzig verschiedene kaffeeartige Getränke zaubern kann?

Meine allerbeste Freundin Erika jedenfalls hatte noch keine.
Doch kurz vor ihrem siebenunddreißigsten Geburtstag beschloss sie, diesem Zustand ein Ende zu setzen. Denn Erika ist verrückt nach Kaffee. Genauer: nach Kaffee mit geschäumter Milch.

Und deshalb ist Erikas erste feierliche Tageshandlung nach Verlassen ihrer Wohnung der Besuch in Tonis Eiscafé. Das winzige Café mit den eben mal sechs Sitz- und vier Stehplätzen liegt am Rand eines Düsseldorfer Industriegebiets und fast exakt gegenüber Erikas Firma.
Hier trinkt Erika jeden Morgen (außer sonntags)

pünktlich um 08.10 ihren Kaffee mit geschäumter Milch.

„Und glaub's mir, Rudolf, nur Italiener wie Toni kriegen sowas richtig hin."

Die nächste Tasse folgt dann um 13.30, die übernächste – und nicht letzte – gegen 17.45.

„Ohne das Zeug kann ich nicht leben ... Manchmal kriege ich sogar nachts Lust auf einen."

Zwei Jahre war Erika Tonis bester Stammkunde. Doch eines Tages stand Erika vor verschlossener Tür.

„Das konnte ich nicht fassen; der Kerl hat sich doch Hals über Kopf in eine von diesen polnischen Lolitas verknallt, eine aus unserer Produktion, schließt von heute auf morgen und haut mit der Kleinen ab."

„Ach – und wohin?"

Erikas Augenlider verengten sich. „In das Land, wo der Pfeffer wächst."

Jedenfalls, so viel kann ich sagen, ist das nicht Polen. Und auch nicht Italien.

Erika stand empfindlich auf dem Trockenen und litt Höllenqualen.

„Und wo kriege ich jetzt meinen Kaffee mit geschäumter Milch her?"

Gott – woher? Wer wusste schon, ob sich jemals wieder ein Italiener im Industriegebiet mit einer Eisdiele niederlassen würde (und den Versuchungen einer Jungpolin widerstehen könnte). Zugegeben, ich wusste auch nicht so genau, was zu tun war. Oder?

„Vielleicht kaufst du dir selber so eine Maschine. Gibt's, so viel ich weiß, in jedem Kaufhaus."

Erikas Miene hellte sich augenblicklich auf.

„Hm ..."

„Selbst ist die Frau."

„Hm ..."

„Und du kannst dir sogar nachts einen aufbrühen."

„Hmmmmmmmm ..."

Erika schnippte mit den Fingern.

„Wann immer ich will."

„Und nicht nur Kaffee mit geschäumter Milch."

„Sondern?"

„Sondern auch: Espresso, Doppelespresso, Cappuccino, Melange. Alles."

Erika blickte plötzlich skeptisch.

„Meinst du, die Maschinen sind einigermaßen einfach zu bedienen?"

„Na klar."

Ganze vierzehn Stunden später war Erika glückliche Besitzerin und Eigentümerin einer sechshundert Mark teuren Kaffee/Espresso-Multifunktionsmaschine. Und sie war neugierig.

Als sie die Maschine in ihrer Küche ausgepackt hatte, lief ihr das Wasser im Mund zusammen. Die Aussicht auf einen Kaffee mit geschäumter Milch war göttlich.

Sie schlug die Bedienungsanleitung auf und suchte das Kapitel 1.8.1: Kaffee mit geschäumter Milch.

Sie füllte die vorgesehene Menge schwarzen fein gemahlenen Kaffees (Jamaica Blue) in ein Sieb, öffnete eine rote Klappe und schob das Sieb in die Halterung. Anschließend legte sie den Hebel für Dampf um. „Wäre doch gelacht ..."

Aus dem Kühlschrank nahm sie eine Tüte Vollmilch und goss ein wenig von der Flüssigkeit in einen dafür vorgesehenen Schacht. Danach verschloss sie den Schacht mit einer grauen Klappe.

„Na dann los."

Erika drückte einen grünen Knopf und stellte eine Porzellantasse mit ihrem Namenszug unter einer der drei Düsen der Maschine.

Fünf Minuten später surrte die Maschine und ergoss augenblicklich eine schmutzig-bräunliche Brühe mit kleinen weißen Flocken in die Tasse.

„Iiiihhhh!"

Kein Kaffee mit geschäumter Milch. Statt dessen schäumende Erika.

Sie ackerte die Bedienungsanleitung noch einmal durch, konnte aber keinen Fehler ihrerseits ausmachen. Auch die Milch war noch in Ordnung; sie hatte sich durch einen ausgiebigen Schluck davon überzeugt.

„Drecksapparat!"

Sie warf die Bedienungsanleitung in den Mülleimer.

Eine halbe Stunde später betrat sie das Kaufhaus mit einer Einkaufstüte. Zielstrebig steuerte sie auf die Abteilung Haushaltsgeräte.

„Ich will den Abteilungsleiter sprechen. Auf der Stelle!"

Der junge Verkäufer in der orangeblauen Kaufhausuniform blickte in Erikas Gesicht und erkannte eine gefährliche Kraft, die auch vor Grausamkeiten nicht Halt machen würde.

„Sofort, gnädige Frau. Sofort."

„Ich bin nicht gnädig. Abflug!"

Einige wenige Augenblicke später stand ein feister Fünfzigjähriger in jagdgrünem Anzug vor ihr und bemühte sich, ihr in die Augen zu sehen. (Das Problem waren Erikas Beine, die durch einen gewagten Mini zu drei Vierteln unbedeckt waren.)

„Was, äh, kann ich für Sie tun, bitte?"

„Kaffee kochen."

„Bitte, was?"

Erika packte den Inhalt der Einkaufstüte vor seinen graublauen Augen auf einem Wäschetrockner aus.

„Voilà", sagte Erika. „Kaffee. Und Milch. Frisch aus dem Kühlschrank."

„Aber ..."

„Können wir anfangen?"

Erika lehnte sich an eine Waschmaschine und signalisierte Kampfbereitschaft.

„Ich habe für sechshundert deutsche Mark vor einer halben Stunde bei Ihnen eine Kaffee/Espressomaschine des Typs XLX Rimini erworben, die angeblich zwanzig verschiedene Sorten Kaffee und Espresso produzieren kann; meine produziert noch nicht mal eine! Und für sechshundert Mark dürfte das Teil ja wohl ein bisschen funktionieren!"

Der Feiste begann unsicher mit den Augen zu rollen.

„Das ist aber sehr ungewöhnlich, ich meine ... normalerweise kochen wir hier keinen Kaffee ... in dieser Abteilung ... Also: Jedenfalls nicht live."

„Tja", sagte Erika. „Einmal ist immer das erste Mal."

Sie ging einen Schritt auf ihn zu, und ihr Parfum erreichte seinen Riechkolben in atemberaubender Heftigkeit. Gleichzeitig schweifte sein Blick wieder unwillkürlich Richtung Beine. „Äh ... einverstanden." Er gab dem Jüngeren eine Anweisung.

Kurz darauf stand eine XLX Rimini auf dem Wäschetrockner.

Erika drückte dem Abteilungsleiter, dessen Blicke wieder an ihren Schenkeln hingen, die Gebrauchsanweisung in die Hand. „Sie dürfen vorlesen."

Acht Minuten später lief eine dunkelbraune Flüssigkeit mit hässlichen weißen Flocken in die persönliche Tasse des Abteilungsleiters.

„Das ... Das, äh, verstehe ich aber ... auch nicht.

Weitere fünf Minuten später hatte man Herrn Czycalla gefunden, einen schlaksigen Fünfundzwanzigjährigen in Stone-washed Jeans und Cordhemd.

Das Verhör begann.

„Haben Sie der Dame erzählt, Sie hätten das Modell XLX Rimini selber zu Hause?"

Herr Czycalla schluckte.

„Ja."

„Und haben Sie auch erzählt, dass Sie mit der Maschine hochzufrieden sind?"

„Äh ... Ja."
„Dass die Bedienung spielend einfach ist?"
„Hab ich ... wohl auch."
„Dass die Maschine alles kann, was sie auch können sollte?"
Herrn Czycallas Knie schlotterten.
„Ja."
Der Abteilungsleiter rieb sich die Hände.
„Na, dann kochen Sie jetzt mal Kaffee. Und zwar: mit geschäumter Milch. Weil wir fair sind, dürfen Sie auch die Bedienungsanleitung haben. Hi. Auf die Plätze, fertig, los!"

Dummerweise vergaß Herr Czycalla aber, den Dampfhebel umzulegen. Als die Maschine surrte und die Düse puren schwarzen Kaffee freigab, schoss eine schneeweiße Dampffontäne die graue Klappe absprengend, zwei Meter hoch zur Decke und kondensierte an den Deckenplatten.
„Äh ... Bei uns ist das nämlich so ... Meine Frau macht das immer, ich selber quasi ... gar nicht."

Es gibt Augenblicke im Leben eines Menschen, wo er gerne seinen Gefühlen freien Lauf lassen würde –, aber nicht kann. Insbesondere nicht in der Haushaltswarenabteilung eines großen Kaufhauses. Erika begnügte sich mit einer leisen Klage.
„Sie haben mir aber gesagt, dass Sie die Maschine selber nutzen. Ich habe mich darauf verlassen. Und jetzt stehe ich da."
Erikas Augen bekamen den Schimmer, der Tränen ankündigt.

„Es tut mir Leid."

Der Abteilungsleiter wippte von einem Bein auf das andere.

„Selbstverständlich, gnädige Frau, nehmen wir die Maschine zurück. Wenn Sie das möchten. Völlig problemlos."

Erika kämpfte mit sich.

„Ich will, und zwar heute noch, mit der von mir gekauften Maschine Kaffee zubereiten. Mit geschäumter Milch! Egal wie. Lassen Sie sich was einfallen. Notfalls holen Sie einen Angestellten eines Eiscafés ran. Oder sonst was. Ist mir egal. Aber heute noch."

Der Abteilungsleiter zuckte merklich zusammen.

„Geben Sie mir 15 Minuten?"

Erika blickte demonstrativ auf ihre Armbanduhr.

„Okay. Und keine Sekunde länger. Ansonsten wende ich mich an den Vorstand."

Sie beschloss, die Viertelstunde in der CD-Abteilung zu verbringen. Als sie ging, bekam sie noch mit, wie der Abteilungsleiter Czycalla anwies. „Ein Branchenbuch und ein Handy. Marsch, marsch."

Mit Albano und Romina Powers Greatest Hits kehrte sie zurück, leise vor sich hin summend.

Sempre, sempre ... Tu ...

„Darf ich vorstellen", empfing sie der Abteilungsleiter und wies auf den jungen Mann mit den pechschwarzen Haaren, der an der Kaffee/Espresso-Maschine hantierte. „Giovanni d'Allorso."

Der junge Mann drehte sich zu Erika herum. „Ah, schöne Signorina. Kaffee mit Milche isse gleich finito. Giovanni heute presto mache."

Ein Bilderbuchitaliener, dachte Erika.

„Und die Lösung war ganz einfach", unterbrach der Abteilungsleiter ihre Schwärmerei. „Die Maschine war nämlich voll in Ordnung. Es hat an der Milch gelegen."

„Klappt total easy", bemerkte Czycalla.

„In der Bedienungsanleitung fehlte halt ein kleiner, unbedeutender Hinweis. Hi."

„Ach ja?"

Giovannis Augen funkelten. „Musse nehmen niste Milch von Kühlschrank, weil kalte. Und nisse Vollemilche. Musse nehmen mageres Milch. Mageres und warmes, so wie Appartemento."

Mein Gott – was für Augen. Erikas Knie wurden weicher und weicher.

„Magermilch. Hi. Magermilch! Das ganze Geheimnis. Hi." Der Abteilungsleiter schlug Czycalla auf die Schultern. „Als würden wir hier Schrott verkaufen, wa?"

Czycalla grinste auf voller Breite. „Klar, Chef. Ich hab das Ding ja selber zu Hause. Und das hat immer tadellos geklappt. Hoho."

„Na, Czycalla, stimmt das auch?"

Herr Czycalla organisierte noch weitere drei Tassen, und Giovanni kochte noch eine Runde.

Später würde auffallen, dass der Umsatz mit Kaffee/Espressomaschinen sprunghaft angestiegen war.

Erika trank den heißen Kaffee mit dem perlenweißen Milchschaum mit geschlossenen Augen.

„Köstlich ... Hm."

„Ganze Geheimnis, si, mageres Milche. Musse immer frage Giovanni bei Problemo, si, si."

Wie dieses si klang! Über Erikas Rücken lief eine Gänsehaut. Irgendwo hörte sie in weiter Ferne Cincola Cinquetti singen ... Si ... Tausendmal sag ich dir ja ...

Der Kaffee schmeckte paradiesisch gut.

Sie verließ das Kaufhaus zusammen mit Giovanni.

„Sag mal, Giovanni, hast du nicht Lust, einer etwas reiferen Dame beim Kaffeekochen zu helfen? Sagen wir mal: bei mir zu Hause."

Giovanni grübelte ein wenig.

„Isse aber Spiel mit de Feuer, si?"

„Wieso?"

„Weil Giovanni hatte Frau und bambini."

„Vergiss es."

Bliebe noch zu sagen, dass Erika letztens mit mir Unterhosen kaufen war.

Der Verkäufer hatte eine Palette vor mir ausgebreitet und empfahl die teuerste.

„Die hier ist sehr gut. Sitzt optimal. Die trage ich sogar selber."

Erika kniff mir in die Hüfte.

„Sie tragen die Unterhose selber? Das will ich sehen. Jetzt."

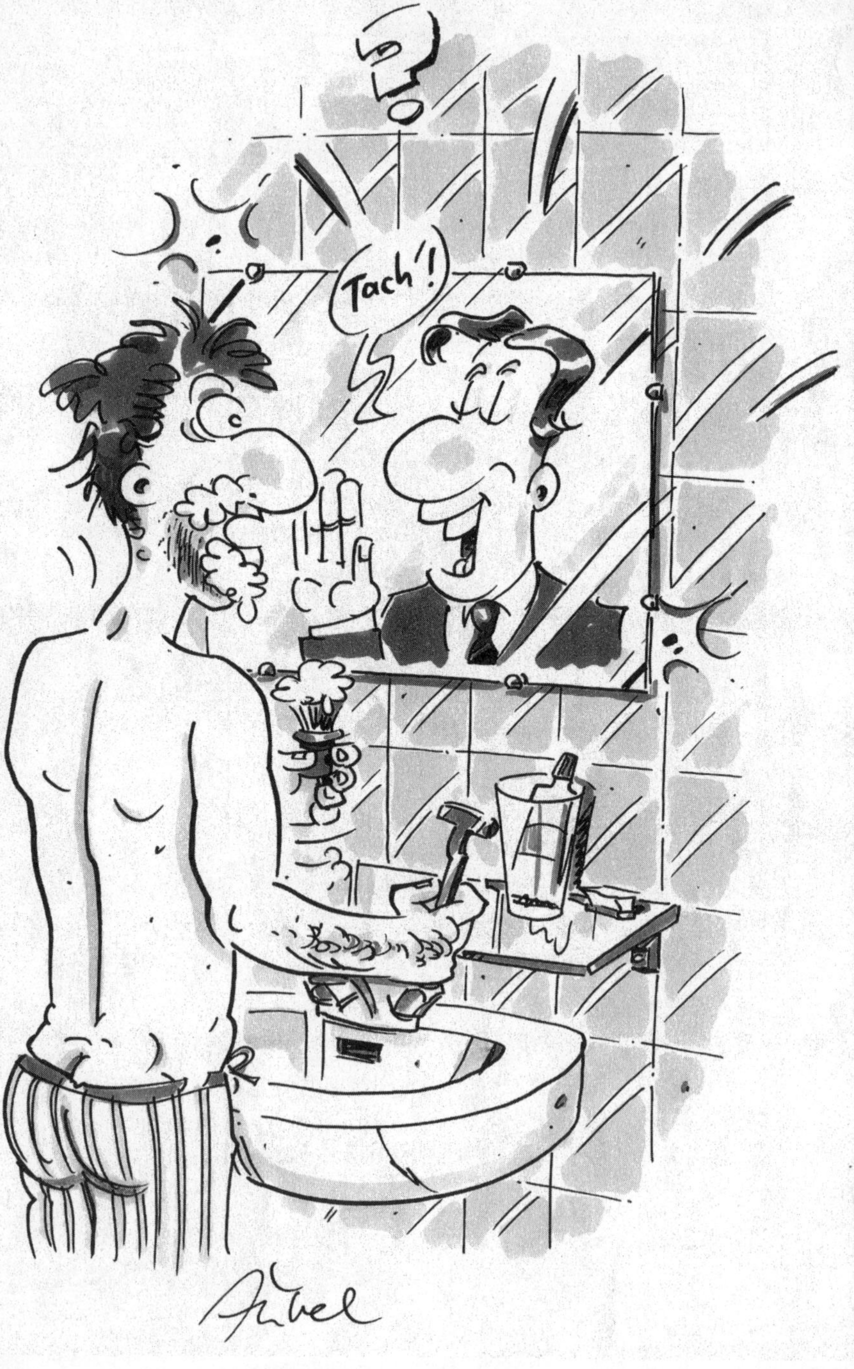
Tach'!

Rudolf II

Es kam ohne jegliche Vorwarnung.

Zuerst erkannte ich nur eine Kontur. Ein flaues Gefühl überkam mich.

Dann rieb ich den Wasserdampf auf dem Badezimmerspiegel vorsichtig mit einem Handtuch ab. „Guten Morgen, Rudolf", sagte das Etwas und grinste mich halbwegs freundlich an. „Pass auf, dass du dich nicht wieder mit der Klinge schneidest."

Das Etwas, das mit mir zusammen in den Spiegel schaute, hatte meine Stimme, mein Aussehen und die gleiche Brille. Allerdings hatte es keinen Rasierschaum im Gesicht, und es war angezogen, während ich lediglich ein Handtuch als Lendenschurz trug.

„Gar nicht schlecht für dein Alter, ganz nebenbei", meinte die Erscheinung und betrachtete meine Taille. „Ich wette, dafür musstest du eine Menge Sit-Ups machen."

In meinem Kopf schossen einige Gedanken hin und her. Hast du irgendwas getrunken, hast du Tabletten genommen? Geht es jetzt los? Alzheimer oder so was? Ruckartig drehte ich mich zur Seite herum. Aber ich sah nichts außer einer gekachelten Wand.

„Aber, aber! Wer wird denn?" Meine Stimme sprach. „Du glaubst doch nicht etwa, dass du etwas siehst, was gar nicht da ist – oder?"

Ich schaute wieder in den Spiegel. Auf das breit grinsende Gesicht meines Zwillings.

„Aber du bist doch da ... Ich sehe dich doch."
„Wie du meinst." Mein Zwilling kratzte sich am Kinn.
„Würdest du mir denn sagen, wer du bist?"

„Nenne mich, nun sagen wir mal, Rudolf II. Oder ... hm ... sag einfach ... Bärchen. Das klingt netter."
„Aber –"
„Und nur noch zur Information: Bei uns ist das nicht wie bei den Vampiren, eher umgekehrt. Mich sieht man nur und ausschließlich im Spiegel. Sonst nicht. Und auch das gilt nur für dich. Andere können mich weder sehen, noch hören."
„Und was seid ihr beziehungsweise: Was bist du dann nun?"

Bärchen grübelte, und seine Stirn warf Falten. „Na ja ... so genau kann ich dir das nicht erklären. Aber ich könnte es umschreiben. Betrachte mich ganz einfach als Mitglied einer gemeinnützigen Organisation, die es sich zur Aufgabe gemacht hat, den real existierenden Menschen zu helfen. Einmal in ihrem Leben. Zu einer ausgesucht kritischen Phase. Zum Beispiel in der Phase, die ihr als Midlife-crisis bezeichnet. So nennt man sie wohl."

„Du weichst meiner Frage aus."

Bärchen schaute mich etwas genervt an.

„Du willst es aber wissen, was?"

„Ja. Also: Was bist du wirklich?"

„Unwirklich."

„Eine Illusion?"

„Eine Halluzination."

„Also spinne ich?"

„Ganz und gar nicht. Ich bin ja da."

„Häh?!"

„Eigentlich bin ich natürlich nicht da – für dich aber doch."

„Kapier ich nicht."

„Macht nichts", amüsierte sich Bärchen demonstrativ. „Du wirst mich dennoch ein paar Stunden ertragen müssen."

„Was soll's", dachte ich, beruhigte mich wieder ein wenig und begann mich weiter zu rasieren. Äußert vorsichtig. Bärchen schaute mir gelangweilt zu.

„Sag mal, Bärchen, bekommen andere auch schon mal Besuch von euch?"

Bärchen schnupperte an meinem Rasierwasser. „Jeder."

„Aber dann müsste doch schon irgendjemand ..."

„... was erzählt haben? Haha! Denk doch mal nach: Was würde passieren, wenn dir dein Freund Gerd erzählen würde, er habe im Spiegel seinen Doppelgänger gesehen und sich mit ihm unterhalten. Na? Würdest du nicht annehmen, dass Gerd übergeschnappt ist?"

„Ja." Das war zuzugeben.

„Und deshalb erzählt es auch keiner. Weder Gerd noch irgendjemand anderer. Und du wirst es auch keinem erzählen."

Wahrscheinlich hatte er Recht.

„Mal Hand aufs Herz – Wart ihr schon bei Gert?"

In diesem Augenblick schnitt die Rasierklinge in die Haut über der Oberlippe. Augenblicklich bildeten sich zwei Blutströpfchen. Ich wischte sie mit einem Frotteetuch ab.

„Du, Ferkel", sagte Bärchen. „Und kauf dir endlich mal vernünftige Rasierklingen."

Dann setzte er sich auf die Badewannenkante.

„Wir sollten zu Beginn unserer Zusammenarbeit noch ein paar Verhaltensregeln absprechen. Sozusagen aus Vorsichtsgründen."

„Und die wären?"

Bärchen legte ein Oberlehrergesicht auf.

„Regel 1: Rede nicht mit mir, wenn jemand dabei oder in der Nähe ist. Da außer dir mich niemand hört oder sieht, würde man glauben, du führst Selbstgespräche. Das könnte in der Klapsmühle enden. Und wenn es dir in der Firma passiert, könnte es dich deinen Job kosten.

Regel 2: Frage mich ab jetzt nichts mehr über unsere Besuche bei anderen Menschen. Beim nächsten Mal kommst du mir nicht mit zwei Blutströpfchen davon.

Regel 3: Gewöhn dich nicht an mich. Denn morgen werde ich wieder fort sein."

Was sollte ich noch sagen.

„Klar, Mann."

„Gut. Dann lass mich noch einen Blick auf deine

Bauchmuskeln werfen. Kriegt man in deiner Altersklasse nicht oft zu sehen. Hi. Eher Bauch, als Muskeln."

Ich erklärte Bärchen, dass ich viel Sport machen würde.
„Wozu?"
„Wegen der Gesundheit", antwortete ich.
„Oder der Eitelkeit?"
„Auch."
Bärchen kicherte. „Für die Frauen. Stimmts?"
Ich wurde rot. „Mag sein."
„Aber du hast doch eine Frau. Glaubst du, deine Frau würde dich mit Bauch nicht mehr mögen?"
„Ich befürchte es."

Ich trocknete mein Gesicht, trug eine Hautcreme auf und zog mich an. Bärchen starrte mich an.
„Um es mal auf den Punkt zu bringen: wie ein Hollywoodstar siehst du nicht gerade aus. Wenn auch nicht direkt schlecht. Das Gesicht hat Konturen. Vielleicht ein paar zu viel. Kommt von den Diskonächten in den Achtzigern. Aber wenigstens hast du nicht so eine Einheitsvisage wie diese Kappenträger vom Ballermann."
„Danke, Bärchen."
„Das Haar ist für das Alter relativ voll. Glück für dich. Minuspunkt: die Zähne. Eine Nummer zu schief."
„Klappe!"
Ich hatte ein weißes Businesshemd angezogen und begann eine Krawatte zu knoten.
Bärchens Stirn warf Falten. „Fühlst du dich eigentlich wohl in der Spießeruniform?"

„So was wolltest du doch nie anziehen. Jedenfalls als du sechzehn warst. Damals bist du mit abgewetzten Jeans und grünem Parka rumgelaufen. Damals ..."

„... war ich auch dümmer als heute. Und die Jeans mit dem Parka war auch nichts anderes als eine Uniform. Halt die Unangepasst-Uniform."

„Eins zu eins", gab Bärchen zu. „Aber meinst du nicht, dass man mit fast vierzig einen Windsorknoten beherrschen sollte?"

„Äh ... Ja."

Dann ging ich mit Bärchen Richtung Schlafzimmer, um meine Frau zu wecken.

„Und du bist sicher, dass sie dich nicht sieht?"

Bärchen lächelte weise. „Sie sieht mich schon lange ... Aber halt dich trotzdem ab jetzt geschlossen."

Ich weckte meine Ehefrau mit einem Kuss auf die Schulter und schaltete das Radio ein.

Als erstes hörten wir irgendeine Schnulze von Phil Collins. „Mach das aus oder wechsle den Sender. Das klingt ja grauenhaft."

Zugegeben – ich mag Collins auch nicht. Also wechselte ich den Sender.

„Ist das nicht eklig, Rudolf. Fast jeder, bei dem ich war, hat eine CD von dem Typ in der Sammlung. Du bist der erste, der keine hat. Gratulation. Danke, dass ich das erleben durfte."

Mit stolzgeschwellter Brust ging ich in die Küche zum Kaffeekochen. Während meine Frau sich mühevoll und eher widerwillig aus dem Bett schälte.

Die Kaffeemaschine surrte.

„Die Krawatte, übrigens, ist nicht unbedingt als modern zu bezeichnen, lieber Rudolf."

Bärchen saß mir gegenüber am Esstisch und aß eine Banane. Ich konnte ihn sehen, indem ich das Küchenfenster als Spiegel nutzte.

„Ich bin keine dreißig. Geschweige zwanzig."

„Die Krawatte ist für sechzig."

„Von mir erwartet man halt Seriosität. Auch bei der Krawatte."

„Seit wann hat Seriosität was mit der Krawatte zu tun?"

Ich musste überlegen. „Wahrscheinlich, weil es irgendein Langweiler mal so definiert hat. Und genug Idioten fand, die ihn ernst nahmen. Denk ich mal so, Bärchen."

„Wer ist Bärchen?!!" Meine Frau stand im Türrahmen.

„Siehste, das haste jetzt davon", feixte Bärchen.

„Ich ... Ich ... Äh ... Hab ich was gesagt?"

Bärchen machte ein pseudobetroffenes Gesicht.

„Hast du eine Freundin? Gibs zu!"

Bärchen prustete.

„Äh... Bestimmt nicht Häschen ... Ganz ehrlich."

„Du weißt ja: Wenn du eine Freundin hast, gönne ich mir einen Freund. Das muss klar sein."

„Isses, Häschen ... Isses."

Meine Ehefrau verschwand im Badezimmer.

„Nennt man das – moderne Ehe?"

Ein langgezogener Summton signalisierte, dass der Kaffee fertig war. Ich goss mir eine Tasse ein. „Ich würde dir ja auch eine anbieten, Bärchen. Aber in deinem Fall dürfte das wohl ziemlich zwecklos sein, oder?"

„Wäre auch sonst zwecklos. Denn das Zeug ist, auch wenn es gut schmeckt, nicht unbedingt das, was man als gesund bezeichnen kann. Denk mal an deinen Blutdruck. Tu wenigstens was rein. Milch oder so."

„Okay …"

In einem der Wandschränke fand ich eine Flasche Stroh Rum (80 %). Ich goss einen Fingerhut in meinen Kaffee.

„Besser so?"

Bärchen blickte mich entsetzt an. „Pervers."

„Midlife-crisis", sagte ich. „Da braucht man ab und zu mal ein Zückerchen."

„Aber doch nicht so was."

Ich blickte Bärchen selbstbewusst in das Spiegelbild seiner polarblauen Augen.

„Was soll's. Man lebt nur einmal."

„Stimmt", sagte Bärchen. „Und das eine Leben ist kurz genug."

Bärchen zog einen Flachmann aus einer Sakkotasche. „Prost!"

Im Badezimmer lief die Dusche.

„Gar nicht schlecht, deine Süße. Würde ich auch gern mal …"

„Danke."

„Liebst du sie?"

„Ich denke: ja."

Bärchen runzelte die Stirn. „Und ihr habt keine Kinder?"

„Nein."

„Wollt ihr keine?"
„So ist es."
„Oder nur einer von euch?"
„Beide."
Bärchen schaute skeptisch. „Habt ihr euch auch schon mal gefragt, wer eure Rente finanziert?"
Ich goss von dem Rum in meinen Kaffee und nahm einen großen Schluck.
„Bis jetzt habe ich dich für intelligent gehalten. Jetzt kommst du plötzlich mit diesem Dämlich-Argument."
Bärchen lief rot an. „Vielleicht hast du Recht."
„Außerdem, sieh das doch mal so: Schulzes nebenan haben vier Kinder, wir haben null.
Macht im Schnitt zwei für jedes Paar. Zwei für Schulzes, zwei für uns. Fazit: Reduplikation erfolgreich, Population erhalten. Rente sicher."
„Du machst es dir etwas einfach", seufzte Bärchen und legte die Beine auf den Tisch.

Um sieben Uhr verließen wir gemeinsam die Wohnung. (Bärchen amüsierte sich darüber, dass wir noch zur Miete wohnten. Er hätte schon längst ein eigenes Haus. Wenn's ihn gäbe.) Er hatte es sich auf dem Rücksitz bequem gemacht; im Rückspiegel konnte ich ihn beobachten.
Viertel nach sieben standen wir, zusammen mit tausenden anderen Autos, im Düsseldorf-stadteinwärts-Morgenstau. Bärchen stöhnte.
„Ist das hier jeden Morgen?"
„Jeden."
„Kennst du keinen Umweg?"

„Ich kenne alle."
„Und?"
„Das Gleiche."
Bärchen schüttelte verständnislos den Kopf.
„Grässlich. Du verlässt das Haus um sieben – und stehst fünf Minuten später im Stau. Und das womöglich bis neun. Gib zu, dass das dämlich ist."
Ich pflichtete ihm bei.
„Warum tust du das?"
„Um Knete zu verdienen."
„Lohnt es sich wenigstens, die täglichen Staustunden?"
„Nein."

„Bist du noch nie auf die extravagante Idee gekommen, eine Stunde früher oder ein bis zwei Stunden später zu fahren? So ganz ohne Stau?"
„Doch."
„Und?"
„Geht nicht. Der Vorstand besteht drauf, dass die Belegschaft pünktlich um 8.30 anfängt. Ohne Ausnahmen."
Bärchen tippte an seine Stirn. „Da würde ich kündigen."
Die Idee war gar nicht schlecht.
„Ich werde es ernsthaft erwägen."
Bärchen lehnte sich nach vorne. „Definitiv?"
„Definitiv."
„Langsam kann ich mich an dich gewöhnen."

Wir fuhren über die Theodor-Heuss-Brücke. Unter uns der Rhein. Ein paar Sonnenstrahlen bohrten sich zaghaft durch die Wolkendecke. Während sich die Autos in Schrittgeschwindigkeit bewegten.

„Auch im Stau kann man genießen. Wenn die Natur schön ist. Genießt du es, Rudolf?"

„Ja. Ich genieße es ganz tief."

„Pluspunkte für dich." Bärchen klopfte mir auf die Schulter. „Die meisten Menschen genießen nämlich nicht. Sie haben es im Laufe der Jahre verlernt. Sie schauen weder nach links noch nach rechts; sie sehen die Schönheit des Flusses gar nicht, ihre Augen weiden sich nicht an der Schönheit der stolzgewachsenen Bäume, und sie lassen ihre Seele nicht mehr fliegen. Sieh dir nur mal diese Gesichter in den Autos an. Stur geradeaus."

Bärchen schien eine romantische Seele zu haben.

Wir hatten die Brücke fast hinter uns.

„Sag mal, Rudi, woran merkt man eigentlich am deutlichsten, dass man auf die Vierzig zugeht?"

Ich musste nicht überlegen. „Jeder fragt einen, was man sich Besonderes hat einfallen lassen für die ultimative Geburtstagsfete."

„Und sonst?"

„Der Arzt erzählt einem was von Vorsorgeuntersuchung."

„Und – warst du schon?"

Kalter Schweiß brach mir aus. „Nein. Wieso? ... muss ich?"

Bärchen lachte sich einen. „Kann ich dir nicht sagen."

Ich bog in die Rheinuferstraße ein. Auf der Überholspur fuhr ein Edeldaimler. Der Fahrer führte lautstarke Selbstgespräche. „Hat er gerade Besuch?"

„Nein", sagte Bärchen. „Er hat eine Freisprechanlage."

Wir fuhren auf der Rheinuferstraße in den Tunnel ein. Die Motorengeräusche meines eigenen Wagens wurden verstärkt und vermischten sich mit denen der anderen Autos. Neonlicht und Lärm.

„Deine Altersgenossen scheinen zurzeit alle gewaltig auf dem Selbstfindungstrip zu sein. Stehen auf Esoterik und so."

Ich nickte. „Und sie fahren nach Indien, um Gurus zu besuchen. Rüdiger war jetzt vier Wochen bei Zai Baba. Seitdem hängt das Haus voller Fotos von dem Typ."

Bärchen fasste sich an die Stirn. „Zai Baba! ... Hi ... Den kenn ich ... Fahr da nicht hin."

„Brauch ich auch nicht."

„Wieso – hast du schon einen Psychiater?"

„Nein!"

Bärchen lachte. „Aber fast zwei Drittel deiner Altersgenossen..."

Irgendwann ist auch der Rheintunnel mal zu Ende. Wenige Minuten weiter stand mein Auto auf dem Parkplatz vor dem Firmengebäude.

Meine Parkplatznummer ist die 18. Zweistellige Nummern sind den Abteilungsleitern vorbehalten. Die Chefs haben einstellige. Und die größeren Firmenwagen. So viel Hierarchie muss sein.

„Musst du jetzt zu deinem Sklavendienst?"

„Sieht so aus."

Bärchen räkelte sich auf dem Rücksitz. „Ohne mich."

„Wie bitte?!"

„Ich komm da nicht mit."

„Und warum nicht, wenn ich fragen darf?"

Bärchen zog eine Zigarre aus der Sakkoinnentasche. „Hm ... Eine Cohiba ... Raucht dein Bundeskanzler." Er schnupperte ausgiebig an dem Deckblatt.

Dann biss er den Kopf der Zigarre ab und hielt das andere Ende über die Gasflamme eines Feuerzeugs. Dabei drehte er das edle Genussmittel langsam und andächtig.

„Bärchen! Ich hab dich was gefragt!"

Bärchen steckte die Zigarre in den Mund und zündete sie jetzt endgültig an. Er blies riesige Rauchwolken aus (die zum Glück nur im Spiegel zu sehen waren).

„Hm ... Hm ... Solltest du auch mal probieren ... Echt Natur ... Hm."

„Ich habe immer noch eine Frage offen."

Bärchen kraulte sein Haupthaar. „Ich möchte dich nicht verletzen ... Aber ... Ich kann das Elend nicht mit ansehen."

Ich schluckte.

„Du bist jetzt fast vierzig, Rudolf. In drei Monaten ist es soweit. Und was bist du? Zu was hast du es bis jetzt gebracht? Ersparen wir uns die Antwort lieber. Stellen wir uns mal lieber die Frage: Was könntest du sein?"

„Was, bitte schön, könnte ich denn sein?"

Bärchen paffte an der Cohiba. „Bundeskanzler."

„Und wie geht das?"

Bärchen legte sich paffend auf den Rücksitz. „Schweineeinfach."

„Dann fang mal an."

Bärchen schüttelte seinen Kopf. „Heute Abend. Vorher nicht. Ersatzweise erkläre ich dir dann auch noch, wie man eine Firma gründet, expandiert, Millionenumsätze macht und nicht einen Pfennig Steuern bezahlt. Ist genauso einfach."

Eine Gänsehaut überkam mich. „Versprochen?"

Bärchen legte seine Linke aufs Herz. „Versprochen ist versprochen, wird auch nicht gebrochen."

„Na dann." Ich stieg aus dem Auto und wollte soeben die Tür zuschlagen, als Bärchen eine tragbare Miniatursonnenbank aus einer Sakkotasche zog, sie aufspannte und an der Autodecke befestigte

„Um Gottes willen – was ist das?!"

„Siehste doch. Eine Erfindung. Genauer gesagt: Eine Erfindung, die dir eine Menge Geld einbringen kann. Vorausgesetzt, du vermarktest sie richtig. Hi. Und jetzt geh endlich worken.

Husch. Husch."

In Gedanken versunken und völlig abwesend wollte ich die Firma betreten, als ich im Türglas Bärchen auf mich zulaufen sah. „Eh! ... Warte mal."

„Was ist denn, ich dachte ..."

„Du sollst nicht denken. Sondern – heute noch – ein ordentliches Paket Wuschi-Aktien kaufen. Unbedingt."

„Wuschi?! Die sind doch erst vorgestern von einem bekannten Wertpapieranalysten niedergemacht worden und haben über dreißig Prozent ihres Wertes verloren."

„Drum. Wir brauchen Startkapital."
Dann verschwand Bärchen wieder im Auto, und ich ging zu meinem Sklavendienst.

Eine Woche später sollte ein anderer bekannter Wertpapieranalyst Wuschi-Aktien zum Kauf empfehlen; der Kurs würde sich innerhalb von drei Wochen verdoppeln.
Und beide Analysten spielen im gleichen Club Tennis. Was ein Zufall.

Marathon Man

„Ihre Papiere bitte."

Der Wachtmeister machte ein gelangweiltes Gesicht, während ich in meinen Jackentaschen nach der Brieftasche suchte.

„Hier, bitte."

Ob er meine Fahne aus der Distanz riechen konnte? Sein Riechkolben war einen guten Meter entfernt.

„So, so", murmelte er und ging mit Fahrzeug- und Führerschein zu dem Dienstwagen, der knappe fünf Schritt hinter meinem parkte.

Im Rückspiegel konnte ich beobachten, wie der andere, ein deutlich übergewichtiger Dreißigjähriger, geschäftig telefonierte. Offensichtlich gab er der Zentrale meine Daten durch.

In meinem Gehirn kreisten Gedanken. Hatte ich die 0,8 Promille schon voll – oder nicht?

Drei Wein, ein Cognac. Wie war das noch mal? Sind das nicht mindestens 0,8? Oder ist das Level mittlerweile schon bei 0,5? Dann bin ich auf jeden Fall dran.

Nach einigen Minuten hörte der Pummelige mit dem Telefonieren auf; der andere faltete die Papiere zusammen und trottete wieder auf mich zu. Sein Gesicht schien ausdruckslos.

Könnte ich ohne weiteres abhauen? Ich meine: Begehe ich dann eine Straftat? Eigentlich nicht. Habe ich einen Unfall gebaut? Nein. Also: Abhauen – oder nicht.
Das Auto stand auf einem Parkstreifen; es bräuchte nicht mal abgeschleppt werden. Gut so.
Denn ich würde es wohl eine Zeit lang nicht wiedersehen.

„Hier. Ihre Papiere."
Der Polizist, ich schätzte ihn auf etwa 50 bis 55, also in etwa 17 Jahre älter (und zwanzig Pfund schwerer), grinste mich gutmütig an.
„Haben wir denn auch Warndreieck und Verbandskasten dabei?"
Ich grinste zurück. „Ja selbstverständlich." (War da zu viel Clownerie in meinem Gesicht?)

„Dürfte ich das Warndreieck und den Verbandskasten denn auch mal sehen?"
Ich nickte, stieg aus und ging zum Kofferraum. Waren meine Schritte sicher? Wankte ich?
Ein Druck, und die Klappe schwang auf. Beinahe hätte sie sein Kinn gestreift.
„Bitte sehr. Warndreieck und Verbandskasten." Er war nah an mir dran. Bloß nicht den Mund einmal zu viel aufmachen.

Er griff sich den Verbandskasten und prüfte die Verplombung mit kritischem Blick.

„Na ja." Er legte ihn zurück. „Ist wohl okay."

Ich glaubte, er wollte gehen, als ihn der Kollege, der im Auto sitzen geblieben war, zu sich winkte. Warum winkte er? Hätte er nicht rufen können? Wollten sie mir etwas verheimlichen, einen Verdacht?

Ich blieb am Kofferraum stehen. Und wägte meine Chancen ab, abzuhauen.

Der ältere Polizist kam noch einmal zurück. Diesmal schaute er nicht mehr so gutmütig.

„Haben wir denn was getrunken?" Sch...

Er hielt ein Teströhrchen demonstrativ in der Rechten.

Ich versuchte, möglichst glaubhaft auszusehen. Wie sieht man glaubhaft aus?

„Nein. Ich habe nichts getrunken."

„Sicher?"

Eine heiße Welle schoss durch meinen Körper. Zum Glück unsichtbar.

„Sicher."

„Dann hätten Sie auch sicher nichts dagegen, da mal rein zu pusten – oder?"

Und ob ich was dagegen hatte. Das Röhrchen würde sich nämlich verfärben. Das würde bedeuten: Blutprobe. Lappen weg. Monate ohne Auto. Eine gruselige Vorstellung.

„Und wenn ich nicht in das Röhrchen pusten würde?"

Der Polizist blickte mich skeptisch an.

„Dann ... Dann würde ich denken, dass Sie vielleicht doch was getrunken haben und ..."

„Nehmen wir einmal an, Herr Wachtmeister, rein theoretisch natürlich, ich würde jetzt ganz einfach sagen: Nein. Ich will nicht pusten. Was dann?"

In dem Gesicht des Polizisten zuckte unwillkürlich ein Muskel.

„Ja ... dann täte ich, also ... täten wir Sie dazu ... äh ... zwingen."

„Und wie darf ich mir das vorstellen?"

Er zuckte mit den Schultern. „Wir täten Sie halt festhalten."

„Wie? Nur mit Hilfe Ihrer Hände? Und was dann? Oder fesseln Sie mich mit Handschellen?"

Der Polizist verdrehte seine Augen.

„Wieso wollen Sie das eigentlich alles so genau wissen?"

Ich schüttelte meine Beine ein wenig, um lockere Knie zu bekommen.

„Weil ich ... nun ja ... höchstwahrscheinlich nicht in das Röhrchen zu blasen gedenke."

„Weil Sie was getrunken haben?"

„Nein. Weil ich einfach nicht will."

„Aber die anderen pusten doch auch."

„Ehrlich gesagt, Herr Wachtmeister, ich mache selten das, was andere machen."

Der Polizist blickte sich etwas ratlos zu seinem im Auto sitzenden Kollegen um, der just mit einem Handy telefonierte und vollkommen desinteressiert schien. Wahrscheinlich hatte er seine Freundin an der Strippe – bzw. auf der Welle.

„Also, ich glaube ... wir täten Sie dann mitnehmen. Zur Blutprobe."

„Ah ja? Und wenn ich das auch nicht will? Wie weit würden Sie gehen, um mich doch noch mit zu nehmen? Dürften Sie die Schusswaffe einsetzen?"

Der Polizist begann zu schwitzen.

„Äh ... Schusswaffe wohl nicht ... Aber körperliche ..."

„Das mit der Schusswaffe ist ganz sicher?"

„Ja, wenn Sie kein Verbrecher sind. Sie sind doch keiner. Oder ... doch?"

„Nein. Ich garantiere Ihnen, dass ich keiner bin."

„Ja warum sind Sie dann nicht kooperativ?!"

„Lieber Herr Wachtmeister. Ich habe nicht die geringste Lust, mich von Ihnen zur Blutprobe mitnehmen zu lassen. Ob mit oder ohne Zwang. Ich habe nämlich schlicht und einfach etwas Besseres vor. Capice?"

Wieder ein suchender Blick in das Innere des Polizeiwagens; der andere telefonierte immer noch, vollkommen abgehoben. Mein Kontrolleur holte tief Luft.

„Ich befehle Ihnen, jetzt augenblicklich in das Röhrchen zu pusten. Sofort!!"

Er schob mir das Röhrchen bis dicht vor meine Lippen.

„Nein! Ich puste nicht. Statt dessen mache ich jetzt was ganz anderes."

„Und was?"

„Abhauen."

Seine Augen traten aus ihren Höhlen.

„Nein!"

„Doch!"

Augenblicklich griff er in eine Brusttasche, zog eine Ampulle mit weißen Tabletten hervor, öffnete sie mit den Zähnen und schüttete sich einige der Tabletten ohne Umweg in den Rachen.
„Sie sind wahnsinnig."
Ich überlegte.
„Glaube ich nicht mal. Wahnsinnig wäre ich, wenn ich mir Blut abnehmen ließe. Ich würde nämlich sofort meinen Lappen los. Das ist Wahnsinn. Monate ohne Auto – nichts für mich. Statt dessen werde ich mich der von Ihnen gewünschten Kontrolle durch Flucht entziehen. Und eins kann ich Ihnen definitiv sagen: Meine Chancen sind gar nicht schlecht. Denn ich laufe mit Sicherheit wesentlich schneller als Sie. Und Ihr übergewichtiger Kollege kommt eh nicht weit. Sie haben beide nicht die geringste Chance. Oder joggen Sie dreimal die Woche über 20 Kilometer? Ich tue es. Und ich bin noch keine vierzig, Sie aber sind mindestens fünfzig. Also."

„Wir haben aber Ihre Personalien."
„Aber keine Blutprobe. Hi. Und Sie kriegen auch keine. Zumal Sie die Schusswaffe nicht benützen dürfen. Tut mir Leid. Ohne Waffe keine Blutprobe."
Ein gellender Schrei entfuhr seiner Kehle.
„Axel!!! Komm sofort hierher!!!!"

Ich lief los.
„Ciao, Wachtmeister!"

Hinter mir hörte ich eine Tür schlagen.
„Bleiben Sie sofort stehen! Sofort!!"

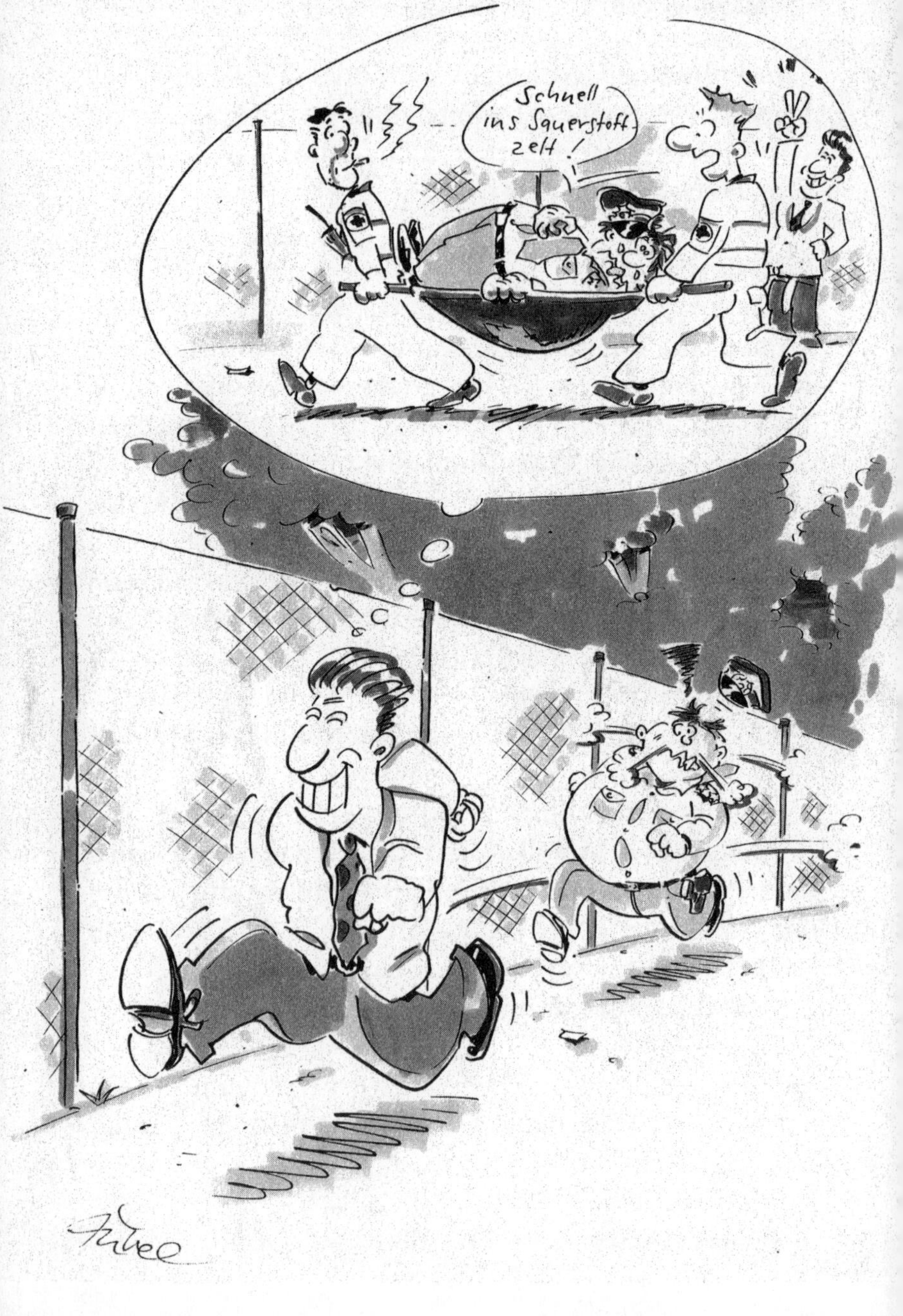
Schnell ins Sauerstoffzelt!

Axel war aktiv geworden.
Ich blickte mich noch einmal um.
„Und denkt dran, Jungs … Keine Schusswaffen."
Ich beschleunigte mein Tempo.

Anfangs hatte ich fest damit gerechnet, der Jüngere würde mich verfolgen, aber ich hatte mich geirrt. Mein Kontrolleur nahm die Verfolgung auf. Der Jüngere war in den Wagen gesprungen und telefonierte wieder.
Wohin? Ich musste einen Weg wählen, der eine Verfolgung durch ein Auto unmöglich machen würde. Ich lief Richtung Altstadt; die engen Gassen waren übervoll mit Touristen.
Mein Verfolger war etwa 50 Schritt hinter mir und hielt mein Tempo. Beschleunigte er, beschleunigte ich auch. Der Abstand sollte konstant bleiben.

Wir liefen durch dichte Touristentrauben vorbei an Imbissbuden, Boutiquen, Würstchenständen und Kinos. Dann sah ich die „Galeria Kaufhof" vor mir. Wurde auch Zeit, dachte ich, jetzt muss der Weizen vom Spreu getrennt werden. Ich lief durch die geöffneten Flügeltüren schnurstracks auf die Rolltreppen. Bis zum vierten Stock. Überall verdutzte Blicke. Ein Ladendieb?
Von unten hörte ich eine bekannte Stimme.
„Stehenbleiben!!!"
Ich wartete, bis ich den Träger der Stimme sehen konnte. Er war ein Stockwerk tiefer und kam jetzt zu mir herauf gefahren. Er lief nicht mehr. Ich setzte mich wieder in Bewegung.
„Na krieg mich doch!"

Über die Haustreppe lief ich wieder zum Erdgeschoss hinunter.

„Bleiben Sie ... ste-hen!"

Ich war am Fuß der Treppe angekommen, hastete zur Tür und lief wieder mitten in die Altstadt hinein, Richtung Stadtpark. Mein Tempo war eher ruhig, ich hatte Zeit genug, mich des Öfteren umzublicken. In hundert Schritt Entfernung konnte ich meinen Kontrolleur ausmachen. Erste Zeichen von Trainingsdefiziten machten sich bemerkbar. Er hielt sich beim Laufen eine Hand an den Bauch. Er hatte Seitenstechen.

Ich ließ etwas Tempo ab, um ihn näher rankommen zu lassen. Bis der Abstand wieder auf 20 Schritt war. Er hechelte. „Ste-eh-ehen...bl-ei-be-n..."

„Niemals. Ich bin ein Peil."

Ich würde den Abstand mühelos halten können, so viel war klar. Eigentlich hätte ich ihn auch längst abhängen können – aber das wollte ich nicht. Noch nicht.

Wir erreichten den Stadtpark. Mittendrin das Stadtschloss. Ich hielt darauf zu. Vorbei an Müttern mit Kinderwagen, verliebten Paaren und Rentnern.

„Lauf, Jungchen! Zeig's denen mal!"

Eine alte Frau klatschte begeistert. Anschließend skandierte sie: „Hopp. Hopp. Hopp."

Ein kurzer Blick zurück. Mein Verfolger lief, was das Zeug hielt. Schwitzend und keuchend.

Fast tat er mir Leid, wie seine Schritte immer mühsamer wurden.

Er kam an einem Rentnerehepaar vorbei.

„Was hat er denn verbrochen, Wachtmeister?"
„Er ... er ... ent-z-z-z-ieht sich ... Blut-pro-be."

Mein Verfolger musste anhalten. Offenbar versagten seine Lungen. Oder seine Beine.
Das Rentnerpärchen blickte ihn mitleidig an.
„Was ist denn los, braucht ihr frisches Blut?"
„N-n-nein ... Der Mann ... ha-a-a-t ge-drung-en."
Er versuchte mit Mühe wieder zur Luft zu kommen.
Der Rentner blickte seine Frau an, als wollte er sagen: „Sind die gaga?"

„Allo... Allo-hol ...", wisperte der Wachtmeister. „Er ... hat ... Allo...hol."
Die Rentnerin guckte ihn bestürzt an. „Ist das ein Verbrechen?"
Ihr Mann zwickte sie. „Wenn das ein Verbrechen ist, hi, dann bist du mit einem Schwerverbrecher verheiratet, Ilse. Gottogott."

Ich trabte ein wenig auf der Stelle, atmete tief ein und aus.
„Was ist los? Wollt ihr mein Blut jetzt – oder nicht?!"
Das einzige, was ich vernehmen konnte waren Satzfetzen wie „... Sta-aa-tsge-wa-lt ..."

Ein junger Mann kam auf mich zu.
„Warum hausse denn nich ab?"
„Ganz einfach. Weil ich Spaß am Nachlaufen-Spielen habe."
„Geil, eh. Kann ich mal'n Foto machen?"

Er zückte eine Pocketkamera, ging in Anschlag und knipste mich. Auf der Stelle trabend, mit Victoryzeichen.
„Voll geil, eh."

Dann ging er mit der Pocketkamera zu dem sich krümmenden Polizisten.
„Bissen schlaff, de Staatsgewalt, wa?"
Das sich krümmende Elendsbündel zischte. „Halt die Klap-pe."
Foto.
„Aber, aber."
„Mach ... di-ch vom A-ck-er."
Foto.

Ein paar Minuten später schien mein Verfolger wieder genug Luft zu haben. Mit unsicheren Schritten lief er auf mich zu. Sofort nahm ich die Flucht wieder auf. Nach zweihundert Schritt lockeren Tempos hielt ich an und drehte mich abermals herum.
Mein Verfolger lag auf dem Boden. Und irgendetwas passierte mit mir. Was genau, kann ich nicht sagen, jedenfalls lief ich nicht weiter. Im Gegenteil.

Jedenfalls half ich meinem Verfolger dabei, wieder auf die Beine zu kommen. Seine Lungen pumpten wie ein Blasebalg. Ich wischte seine Stirn.
„Da-an-ke."
Ich ließ ihn zu Luft kommen; er brauchte fast eine viertel Stunde.
„Muss ich immer noch zur Blutprobe?" (Schön laut für alle Anwesenden.)

Mein Gegenüber überlegte. Während ihn dutzende von Spaziergängern kritisch anblickten.
„Na?"
„Äh."
„Ja – oder nein?"
Die Antwort fiel ihm schwer.
„Ist schon okay ... Vergessen wir das mit der Blutprobe. Außerdem bist du jetzt eh nüchtern."

Ich brachte Dieter, so hieß er, dann noch zu seinem Kollegen zurück. Wir sind dann zu dritt Kaffee trinken gegangen. Axels Handy klingelte pausenlos. Dieter und ich beschlossen, ab und zu mal zusammen zu trainieren. Selbstverständlich nicht im Kaufhof.

„Das nächste Mal krieg ich dich. Darauf kannst du einen lassen."
„Wetten nicht?"
Wir wetteten.

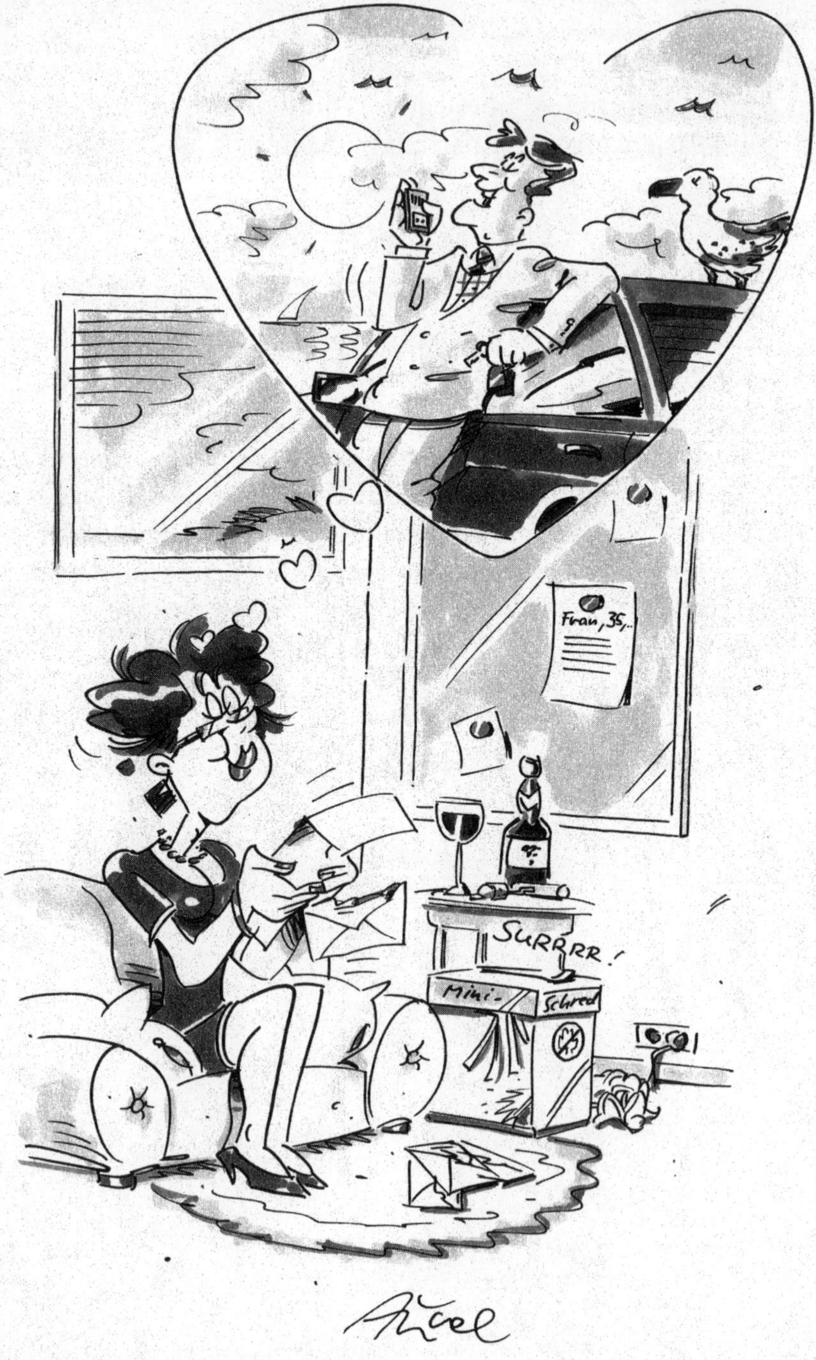
Frau, 35,..
SURRRR!
Mini-Schred

Die Kontaktanzeige

Meine liebe Freundin Petra war seit einem halben Jahr geschieden. Ohne Ärger. Im gegenseitigen Einvernehmen, sozusagen. Besser: in Freundschaft.
Kinder hatten die beiden keine, und Werner, so hieß der Exmann, verschwand auf Nimmerwiedersehen. Petra war freier als der Wind.

Doch bereits nach kurzer Zeit fand sie die Freiheit etwas langweilig. Ein Mann fehlte ihr. Für eine Frau, die halbwegs wie eine Frau aussieht an sich kein Problem.
Aber es sollte halt nicht irgendjemand sein.
Sonst hätte ich es ja auch sein können.
Nein, Petra wollte den ultimativen Mr. Right.

Dabei entwickelte sie eine ganz klare Vorstellung: Mann. Um die Vierzig. Groß. Nicht zu schwer. Nicht zu dünn. Angenehmes Äußeres (aber nicht zu attraktiv, wegen der Konkurrenz). Gepflegt. Beruflich erfolgreich (aber entspannt). Sensibel (aber ganz ‚Mann'). Vielseitig interessiert. Ehrlich. Tanzwütig. Keine Altlasten.
Mehr verlangte sie nicht.

Und wie kriegt frau so einen Traum von Mann?

Indem frau als erstes mal eine Generalüberholung über sich ergehen lässt, quasi die Karosserie liftet.

Petra joggte, nahm sechs Pfund ab, besuchte eine Beautyfarm, ging eine Woche lang täglich auf die Sonnenbank, kochte vegetarisch und benutzte eine Flugzeugträgerladung von Antifaltencremes.

Nach wenigen Wochen sah Petra drei Jahre jünger aus.

Dann ging es an die Verpackung. Petra ging shoppen. Pumps, Seidenstrümpfe, Seidenwäsche, gemusterte Nylons, knallenge Röcke, Bustiers, Lederjacken.

Petra ließ keine der angesagten Boutiquen der Stadt aus.

Als ihre Kleider- und Schuhschränke überquollen, setzte sich Petra aufs Bett und sagte zu sich selbst: „Und jetzt was fürs Köpfchen."

Petra kaufte mehrere Tageszeitungen, Illustrierte, besuchte innerhalb weniger Tage mehrere Museen, Vernissagen und Kunstausstellungen, nahm an einem Powerkurs Englisch teil, ging in sämtliche laufende Kinofilme, lernte im Internet zu surfen, besuchte Rockkonzerte und las mehrere Bücher, die die Belletristikcharts bevölkerten.

„Und, glaub mir, Rudolf: alles umsonst."

Wir feierten ihren Einundvierzigsten in ihrer Maisonettewohnung und tranken Rotwein.

Die Freunde waren schon gegangen.

„Ich hätte gewettet, dass du innerhalb kürzester Zeit einem Traummann begegnet wärst. Und sofort zugeschlagen hättest."

Petra schnaubte. „Pah! Nur Müll unterwegs. Da verzichte ich lieber gleich."

„Und dieser Oberarzt. Wie hieß er doch gleich – Atze?"

„Muttis kleiner Liebling. Das Allerletzte." Sie schüttelte sich.

„Komisch. Ich war überzeugt, der macht das Rennen."

Petra begann Pistazien zu puhlen. „Dann eher dich."

„Danke!"

„Und dieser Ulf?"

„Vergiss es!"

„Am Anfang warst du aber ganz schön verknallt."

„Am Anfang ist man immer verknallt."

„Geht mir genauso."

„Siehste."

Um halb vier hatten wir die Lösung.

Warum in dem Chaos von Muttersöhnchen, Lebemännern, Lebensmüden und Psychopathen suchen, wenn es nicht auch eine Möglichkeit gibt, gezielt vorzugehen. Petra beschloss, eine Kontaktanzeige aufzugeben.

„Da wolln mir doch mal sehen."

„Willst du nicht lieber auf eine bereits erschienene Anzeige schreiben?"

Petra tippte sich an die Stirn.

„Nein. Ich schreibe doch keine Briefe an Leute, die ich noch nicht mal gesehen habe."

Beinahe hätte ich mich verschluckt. „Du erwartest aber, dass man dafür dir schreibt?"

„Genau das."

„Und was veranlasst dich zu der Annahme?"

„Männer. Es sind Männer." Petra blickte absolut siegessicher.

Dann begann sie hämisch zu lachen. Worauf sie drei Jahre älter aussah.

„Hol mal was zu schreiben." Sie wies auf ein kleines Arbeitstischchen.

„Ist alles da drin. Musst nur suchen."

Während ich fündig wurde, hörte ich Petra leise vor sich hin formulieren.

„Frau, vierunddreißig ..."

„Petra! Du bist einundvierzig!"

„Na und? Sehe ich nicht – wenn ich will – aus wie vierunddreißig?"

„Vielleicht (sehr vorsichtig) wie siebenunddreißig."

„Also ... Frau, fünfunddreißig ..."

Um halb fünf stand der Text.

Frau, 35, attraktiv, ungebunden, 178 cm, 62 Kg, blonde Locken, romantisch, wild, sucht IHN mit Niveau, zwischen 40 und 50. Bitte mit Bild.

„Ehrlich gesagt, Petra, ich finde den Text nicht besonders originell."

Sie winkte brüsk ab. „Seit wann stehen Männer auf Originalität?"

Wo sie Recht hat, hat sie Recht. Einen komplizierteren Text würden einige wahrscheinlich gar nicht verstehen. Aber wollte Petra nicht einen Mann kennen lernen, der so etwas doch verstünde?
Ich trank noch einen Chateau Neuf.
Und schlief auf Petras Wohnzimmercouch ein.

Am nächsten Tag gab Petra das Inserat auf. Fünf Tage später erschien es. Weitere acht Tage später rief Petra an.
„Dringend kommen!"
Ich gehorchte.

Petra hatte den ersten Schwung Zuschriften erhalten. (Weitere sollten folgen.) Exakt 40 Briefe.
„Und das ist erst der Anfang", schwärmte sie und öffnete einen gut gekühlten Chablis.
„Und jetzt gehen wir das Ganze mal durch. Hi."

Petra, die tagsüber als Mathematiklehrerin an einem Gymnasium ihre Brötchen verdient, erklärte mir die Wirkungsweise des Entscheidungsfilters.
„Wir gehen nach dem K.-o.-System vor. Wer bei einem der Kriterien durchfällt, fällt ganz durch. Gnadenlos. Ab in den Schredder."

Petra, ich sollte es der Vollständigkeit halber erwähnen, hatte aus ihrer Schule einen Papier-Schredder organisiert. Ansonsten diente das Ding dazu, alte Klassenarbeitshefte zu zerlegen.

„Also: Unser erstes Auswahlkriterium ist äußere Form.

Darunter verstehe ich: Papiergüte, Rechtschreibung (nach ca. einem Satz bereits erkennbar), Schriftbild, Foto. Alles klar?"
Ich nickte.

„Ich habe nämlich keinen Bock mehr auf so eine Supernull. Sowas kriege ich auch in Diskos oder Kneipen. Zur Genüge."
Was sollte ich dazu noch sagen?

Man kann auf Altpapier schreiben, muss aber nicht.
Auch nicht auf bereits beschriebenes Papier.
Und man kann mit dem Computer schreiben.
Sollte man aber nicht.
15 Briefe landeten sofort im Schredder.
Blieben noch 25.

Petra zupfte mich am Ärmel.
„Guck dir mal dieses Schriftbild an. Voll der Psycho."

„Zeilenabstand fast Null."
„Und die tänzelnden Lettern."
„Mal links."
„Mal rechts."
„Tango."
„Polka."
„Voll abkippend."
„Masochist."
„Mindestens."
„Weg damit. Er verdient mich nicht."
Nach diesem Durchgang blieben noch 21.

„Eh, guck mal. Hauptsatz verloren. Total verheddert."
„Werf ihn doch weg."
„Genau das tue ich."
Schwupp! Blieben noch 18. Einige hatten ein Foto beigelegt. Dumm von ihnen. Oder leichtsinnig. Blieben noch 15.

Petra hatte auch irgendwas von dem Wunschalter des Auserwählten in ihrem Inserat erwähnt. Und achtundsechzig ist nun mal zu alt. Auch, wenn man reichhaltig Taschengeld bietet. Petra notierte die Telefonnummer dennoch in ihrem Adressbuch.
„Man weiß nie, ob nicht mal schlechte Zeiten kommen."
Ansonsten ist man mit achtundsechzig nun mal zu alt für eine „junge" Frau. Es sei denn, man kommt aus Wien und ist Baulöwe.
Da waren es nur noch 12.

„Oh Gott. Das gibts doch gar nicht." Petras Augen wurden größer und größer.
„Was gibt's nicht?"
„Der Typ wiegt 92 Kilogramm."
„Na und? Die wiegt mein Bruder auch."
„Dein Bruder ist auch 1,94. Und nicht 1,65!"

Bliebe noch zu sagen, dass ein anderer zu klein war, ein weiterer zu groß. Blieben noch neun.

„Das war der Grobdurchgang", befand Petra. „Ab jetzt wird gelesen."
Wir lasen und tranken Chablis.

„Sag mal, Rudolf, was würdest du eigentlich denken, wenn dir jemand lediglich eine Mobilfunknummer gibt?"

„Keine Adresse?"

„Nichts dergleichen."

Ich musste nicht lange überlegen. „Der Typ ist verheiratet oder sonstwie fest gebunden; jedenfalls lebt er mit seiner Partnerin zusammen und kann keine Telefonate über Standleitung empfangen, ohne befürchten zu müssen, dass seine Frau rangeht."

„Da sucht jemand das Abenteuer."

„So für nebenbei."

„Und was heißt das für uns?"

„Das heißt: Gib dem Schredder Süßes!"

Da waren es nur noch sieben.

Den nächsten Brief las ich laut vor.

„Ich will ganz offen sein. Ich interessiere mich nicht für die große Liebe. Und auch nicht für tief schürfende Gespräche. Nein. Ich interessiere mich ausschließlich für das ‚Eine'. Das ist mein einziges Hobby, mein Lebenselixier ..."

Petra schnippste mit dem Daumen. „Her damit!"

„Nicht in den Schredder?"

„Um Gottes willen. Nein!" Petras Augen blinzelten listig. „Den überreiche ich Karin."

„Hat das einen besonderen Grund."

Petra schmunzelte. „Karin ist frisch geschieden."

„Ja und?"

„Sie hat das gleiche Hobby."

Nichtsdestotrotz blieben für Petra noch sechs.

— Die Kontaktanzeige —

Interessent: Nr. 6 war Mitglied einer Selbsterfahrungsgruppe, sehr engagiert gegen die aggressive Außenpolitik Äthiopiens, leitete das Projekt: „Brot für Nordkorea", verzichtete aus ökologischer Verantwortung heraus aufs Auto und trainierte seinen Body mit Hardcore-Yoga. Seine vier Kinder hätten zu Hause volles Mitspracherecht, Basisdemokratie sozusagen.

„Weg damit", zischte Petra.

Wodurch die Bewerberzahl auf fünf sank.

Petra nahm den nächsten Brief und begann zu lesen.

„Wow ... Der wohnt in einem Schloss ... Und fährt mehrere Autos. Bugatti, Ferrari, Jaguar."

„Na dann."

„Er trägt Burberrys."

„Volltreffer?"

„Klappe!" Petra las angestrengt weiter. „Er lehnt jeglichen Sport ab. Außer Golf. Und außer Jagen!"

„In elitären Kreisen geht das als Sport durch. Ist nun mal so."

„Das ist pervers." Petra nahm einen kräftigen Schluck. „Total pervers."

„Hat er sonst noch herausragende Eigenschaften?"

Petra las weiter. „Er ist stellvertretender Vorsitzender des Club deutscher Opernnachwuchssänger. Und er kämpft zur Zeit in Mecklenburg-Vorpommern um die Herausgabe der elterlichen Güter."

„Mensch, Petra! Du hast einen Großgrundbesitzer an der Angel!"

Petra tat als hätte sie mich überhört. „Seine Ahnen mussten einer landwirtschaftlichen Produktionsgenossenschaft mit dem Namen leuchtende Zukunft, weichen ..."

„Der Ärmste."

„Aber jetzt ist Ende mit Produktionsgenossenschaft ... Randolf kommt mit einem Staranwalt."

„Der Zorn der Götter."

Petra seufzte. „Arme Ossis ..."

Von da ab blieben noch vier.

Ergänzend sei aber noch erwähnt, dass letzterwähnter Brief nicht im Schredder landete, sondern Freundin Annette zugeleitet wurde. Annette steht auf Romane einer gewissen Frau Pilcher und hat sich Titanic ein Dutzend Mal im Kino angesehen (und jedesmal geweint).

Petra gab mir einen Knuff.

„Los. Den nächsten."

Ich las.

„*So bin ich nach meiner nun dritten Ehe tief enttäuscht. Obwohl ich meine Frau sehr geliebt habe. Sie war wundervoll. Eine Frau, deren Haar wie Frühling duftete und deren Augen wie Edelsteine leuchteten. Charmant. Intelligent. Eine Frau, die fünf Fremdsprachen beherrschte. Erfolgreich als Orthopädin und Mutter meiner Kinder. Eine Frau, die darüber hinaus ihr Reithobby pflegte, Aquarelle malte, eine Yacht manövrieren konnte und ...*"

„Reicht."

„Schade."

Petra schüttelte den Kopf. „Never."

„Solltest du da nicht noch mal drüber nachdenken?"

Petra ging zum Barschrank und griff nach einer Wodkaflasche. „Werf das weg. Aber ganz schnell!"
So blieben noch drei.

Davon schied einer aus, weil er sich bereits nach dem ersten Satz als Mann outete, der eigentlich ausschließlich auf Männer stand, aber aus Karrieregründen (er avancierte in einer großen deutschen Bank) eine Ehefrau nachweisen müsse. Womit er die Qualifikation für den Schredder erreichte.

Und ein weiterer schied aus, nachdem Petra und mir klar war, dass es sich um einen Polygamisten handelte, der alle zwei Jahre heiratete.

Einer blieb übrig.
Ein einziger.

Petra schmolz schon beim Lesen dahin.
Und ich gebe es zu: Er hatte es verdient.
Später, so beschloss ich, würde ich mir eine Kopie machen, gnadenlos abschreiben und auf Inserate, antworten, was das Zeug hielt.
„Ich glaube, ich mag ihn schon jetzt ... Nein, es ist mehr als nur ‚mögen'." Petra war hypnotisiert. Ihr Blick war verzaubert, ihre Stimme sanft, liebevoll.
Mit zittrigen Fingern reichte sie mir das Blatt. „Es ist ... wunderschön."

Ich kann und darf Ihnen den Brief in seiner ganzen Länge präsentieren.
Gestern Abend fuhr ich von Wittstock (Dosse) kommend

Richtung Süden auf der A 24 in einen glutroten Himmel, dessen Majestätik mich zugleich fesselte und betäubte.

Ich hielt auf dem Standstreifen, stieg aus und gab mich meinen Gefühlen hin.

Ich atmete tief.

Sog das Universum förmlich in mich hinein. Die Unendlichkeit.

Ein Schwarm Kraniche flog mit mir.

Und dann spürte ich es, als ich dieses brennende Inferno von Horizont wahrnahm.

Ich spürte die Süße dieses einmaligen Lebens.

Ich dankte Gott, dass mir ein solcher Anblick vergönnt war. Und da wusste ich es.

Die Erde ist keine Scheibe. Nein. Sie ist eine Kugel. Ohne Anfang. Ohne Ende.

Und wir sind ein Teil von ihr.

Eine tiefe Sehnsucht überkam mich. Ich wollte mit den Kranichen fliegen.

In den Süden. Dorthin, wo ich vor Jahren am Capo San Vicente das unendliche Blau des Atlantischen Ozeans gesehen habe.

Das Geschrei der über mir kreisenden Möwen.

Der Duft des Salzes.

Der Ort, von dem aus die Neue Welt entdeckt wurde.

Dort spürte ich zum ersten Mal die Ewigkeit. Denn für immer wird der Ozean sein.

Und wenn mein Leben heute enden würde, so danke ich Gott. Voller Demut senke ich mein Haupt. Und danke für den Atlantik. Und Wittstock.

In diesem Augenblick aber wusste ich: Ich kann lieben. Ich möchte lieben. Liebe soll mich umgeben. In Ewigkeit.

Die Kontaktanzeige

Vor Rührung habe ich die Wodkaflasche dann noch mit nach Hause genommen.

Draußen war es sehr kalt. Die kleinen Tränen gefroren sofort zu Eis.

Blue Afternoon

Meine Frau und ich fuhren Einkaufen. Es war Montag, 16.00 Uhr, und wir waren sofort, ohne uns umzuziehen, losgefahren. Sie trug Business, ich trug Business.

Vielleicht war das auch der Grund, weshalb der Verkäufer gleich auf uns zukam, als wir suchend vor dem Spirituosenregal standen. Die Auswahl war gigantisch.

„Wir möchten den feinsten Cognac, den Ihr Haus zu bieten hat", sagte ich.

Der Mann musterte mich von oben bis unten.

„Ein Mann in Ihrem Alter, ein Mann erlesener Genüsse, da gibt es nur einen: VSOP, selbstverständlich. Voilá!"

Zielsicher griff er in ein Regal. „Kardinal Richelieu. Weich. Extravagant. Betörend. Ein Cognac für wahre Kenner."

„Wenn Sie meinen." Meine Frau war noch nicht so ganz überzeugt.

„Kostet natürlich ein paar Kopeken. Hi. Aber dafür hat man auch was."

Auf der Regalleiste konnte ich den Preis ausmachen: 85 DM. Meine Frau schaute mich vorwurfsvoll an, als ich uns die Flasche in den Wagen packen ließ.

„Übrigens ... die Krawatte ... sehr fotogen ... Armani, stimmt's? Emporio. Nicht Giorgio."

„Ja", sagte meine Frau. „Emporio."

„Sehen Sie, gnädige Frau, man sollte sich mal was gönnen. So was Schönes halt. Man lebt nur einmal. Und ich sag immer: Den Fusel für die Jugend – Edles für die reife Jugend. Hi."

„Wenn Sie meinen."

„Nur die Kunst währt lange. Das Leben ist kurz. *Ars longa, vita brevis,* wie der Lateiner so sagt. Gell?"

Kaum war er verschwunden, packte meine Frau noch eine Flasche Weinbrand in den Wagen.

„Ich will backen. Und du glaubst doch nicht, dass ich den Richelieu dazu nehme. Oder?"

Mein Blick durchstreifte das Regal. Ob es nicht auch ein Hennessy getan hätte? Oder ein Martell? Wäre preiswerter gekommen.

„Was heißt eigentlich: VSOP?"

Ich überlegte. „Vielleicht ... *Very secret old Panschweinbrand?*"

„Banause", sagte meine Frau.

Kaum waren wir zu Hause, als meine Frau zwei Cognacschwenker aus dem Wohnzimmerschrank griff und sie demonstrativ auf den Esstisch stellte.

„Na los. Ich will wissen, wofür unser Geld draufgeht."

Ich öffnete die Flasche mit extrem vorsichtigen Bewegungen und goss ein.

Dann das Ritual: Schwenken. Betrachten. Schwenken. Schnuppern. Trinken.

„Und?"

Der Richelieu rannte meine Kehle hinunter.

„Lasch. Irgendwie lasch. Seifig. Fad. Den spür ich gar nicht. Und du?"

„Das Zeug ist sein Geld nicht wert. Da ziehe ich alles andere vor."

Ich versuchte, den Kenner zu mimen. „Vielleicht muss man ihm etwas Zeit geben, uns zu verzaubern, die Geschmacksnerven erst mal einstellen."

„Okay. Dann gieß mal nach."

Wir tranken.

„Immer noch fad."

Nach dem dritten Glas gaben wir auf.

„Macht nichts. Ist schließlich eh für Heinz."

Gegen 18.00 Uhr kam Gertchen, mein vierzehnjähriger Neffe, vorbei, um seine Englisch-Nachhilfestunde zu nehmen. Gertchens Papa, mein Bruder, hat zu wenig Zeit dazu.

„Hallo, Onkel! Wir haben die Arbeit zurückbekommen."

„Und?"

„Vier minus."

„Toll", sagte meine Frau und schüttete drei Gläser voll. „Es geht aufwärts."

„Gertchen ist aber erst vierzehn!"

Gertchen hob sein Glas. „Ist schon okay. Nächsten Monat werde ich fünfzehn."

„Auf ... äh ... England."

Gertchen verdrehte die Augen. „Hm ... scharf."
„Bitte?"
„Voll gut, das Zeug. Mild. Würzig. Sanft im Abgang. Kann ich noch einen haben?"
Er bekam. Mehrmals.

Nach einer halben Stunde klingelte es an der Haustür. Jenny, die Tochter unserer Nachbarn, stand auf Inlinern und hielt sich am Kofferraum meines Wagens fest.
„Kann ich reinkommen? Ich habe Gertchens Fahrrad draußen stehen sehen und möchte die Gelegenheit gleich mal nutzen, meine *Caught-in-the-act*-CD zurückzufordern."
Wir ließen sie rein.

„Was ist das da im Wohnzimmer?"
„Das unter dem Tisch ist jemand, den du kennst. Das auf dem Tisch ist Kardinal Richelieu."
„Krieg ich auch so einen?"
Ich goss ihr ein.
„Du hast es so gewollt."

Jenny trank wie ein Genießer. Fast andächtig.
„Nicht schlecht ... Ein bisschen ... relaxed ... Hm."
„Relaxed? Was heißt das?"
Jenny zuckte mit den Schultern.
„Kommt nicht so richtig. Der Overkill fehlt irgendwie. Wir sollten Cola drüber kippen."
„Niemals!" Meine Frau war aufgesprungen. „Nur über meine Leiche."
„Mein Gott. War der Fusel so teuer?"

Kurz vor neunzehn Uhr klingelte Jennys Mutter.
„Ist meine Tochter bei Ihnen?"
Meine Frau wurde aschfahl. „Äh ... äh."
„Könnte ich meine Tochter dann bitte mal sehen?"

Frau Tegtmeyer hatte zum Glück starke Nerven. Es ist nicht leicht, die Tochter mit glasigen Augen auf einer fremden Wohnzimmercouch liegen zu sehen, in der Linken einen Cognacschwenker, in der Rechten eine Zigarette. Und auf dem Bauch der Kopf von Gertchen. Gertchen schnarchte.
„Können Sie mir das irgendwie erklären?!"

Ich erklärte es ihr. Und schenkte ihr einen großen Richelieu ein.
„Hm ... Den kenn ich ... lecker, das."
Ein viertel Stunde später tanzte Jennys Mutter mit meiner Frau Lambada und lobte den Vorzug guter nachbarlicher Beziehungen. „Sag Elke zu mir."

Kurz nach 20.00 Uhr kam Opa Pachorke mit seinem Kombi vorgefahren, um die bestellten Eier (von frei laufenden Hühnern auf dem Lande) abzuliefern. Ich drückte ihm einen Schein in die Hand.
„Feiert ihr gerade?" Und ehe ich mich versah, saß Opa Pachorke in meinem Fernsehsessel und trank gierig ein Glas Richelieu.
„Wie damals ... in Paris ... Da haben wir das Zeug aus Eimern getrunken ... Damals ... Paris. *Mon amour.*"
„Ich dachte, ihr habt gekämpft?"
„Auch. Auch."

Und dann kam, was kommen musste. Die Flasche war leer. Und Heinz' Jaguar fuhr vor.

Allgemeine Panik brach aus.

„Was will der hier?"

„Egal, was. Ist auch wurscht. Wir müssen jetzt sofort handeln. Klar?!" Meine Frau hatte übernommen.

„Der will Cognac trinken."

Man hörte vor dem Haus eine Tür schlagen und Schritte näher kommen.

Die Augen meiner Frau bekamen einen mir bis dahin unbekannten Ausdruck. Eiskalt.

„Erstens: Ich lenke ihn ab und führe ihn in den Hobbykeller. Zweitens: Du räumst das Wohnzimmer. Aber Kadappa. Drittens: Ihr füllt den Weinbrand in die Cognacflasche.

Und das hintereinander – nicht gleichzeitig. Ausführung!"

„Und wenn ..." Es klingelte.

Eine viertel Stunde später waren Jenny, ihre Mutter und Opa Pachorke auf dem Heimweg,

Gertchen mit zwei starken Espresso wieder halbwegs lebendig gemacht, seine Eltern angerufen, dass ihr Sohn nicht mehr nach Hause käme – und der Weinbrand umgefüllt.

Gertchen war instruiert. „Tu ganz natürlich."

Heinz hatte es sich auf meiner Lieblingscouch bequem gemacht.

„Hallo, ihr zwei. Wie sieht's aus in diesem Haus? Gibt's

hier was zu trinken oder muss man sich selber was mitbringen?"

Ein kurzer Wink an Gertchen, und mein Neffe brachte ein Tablett mit drei angewärmten Cognacschwenkern und einer fast vollen Flasche Richelieu.
„Ooh. Was sehe ich denn da? Ja glaubt man's denn? Richelieu!"
Heinz griff sich die Flasche und studierte das Etikett eingehend. Er schien zufrieden.
„Dann lass mal kommen."

Gertchen goss ein.
Heinz hob das Glas. Schwenkte. Roch. Schwenkte. Roch. Schaute. Er trank, und mein Blutdruck erreichte astronomische Höhen. Gertchen war kreideweiß.
Heinz' Augen glänzten. „Hm ... Hmm ... Hmmmmm."
„Gut?"
Verstohlen blickte ich zu Gertchen.
„Hmmmmmmm ... Das beste ... Richelieu ... Wow! ... Richelieu! ... Hmmmmmmmmm."
Heinz nahm den letzten Schluck.
„Gießt nach, Leute. Nicht kleckern – klotzen!"
Gertchen goss nach. Wir prosteten. Und tranken.

„Sag mal, Heinz ... Bist du eigentlich sicher, dass du wirklich Richelieu trinkst?"
Am liebsten hätte ich laut aufgeschrien.
„Absolut, Gertchen. Absolut." Er nahm einen Riesenschluck.
„Schon mal was von Produktpiraterie gehört?"

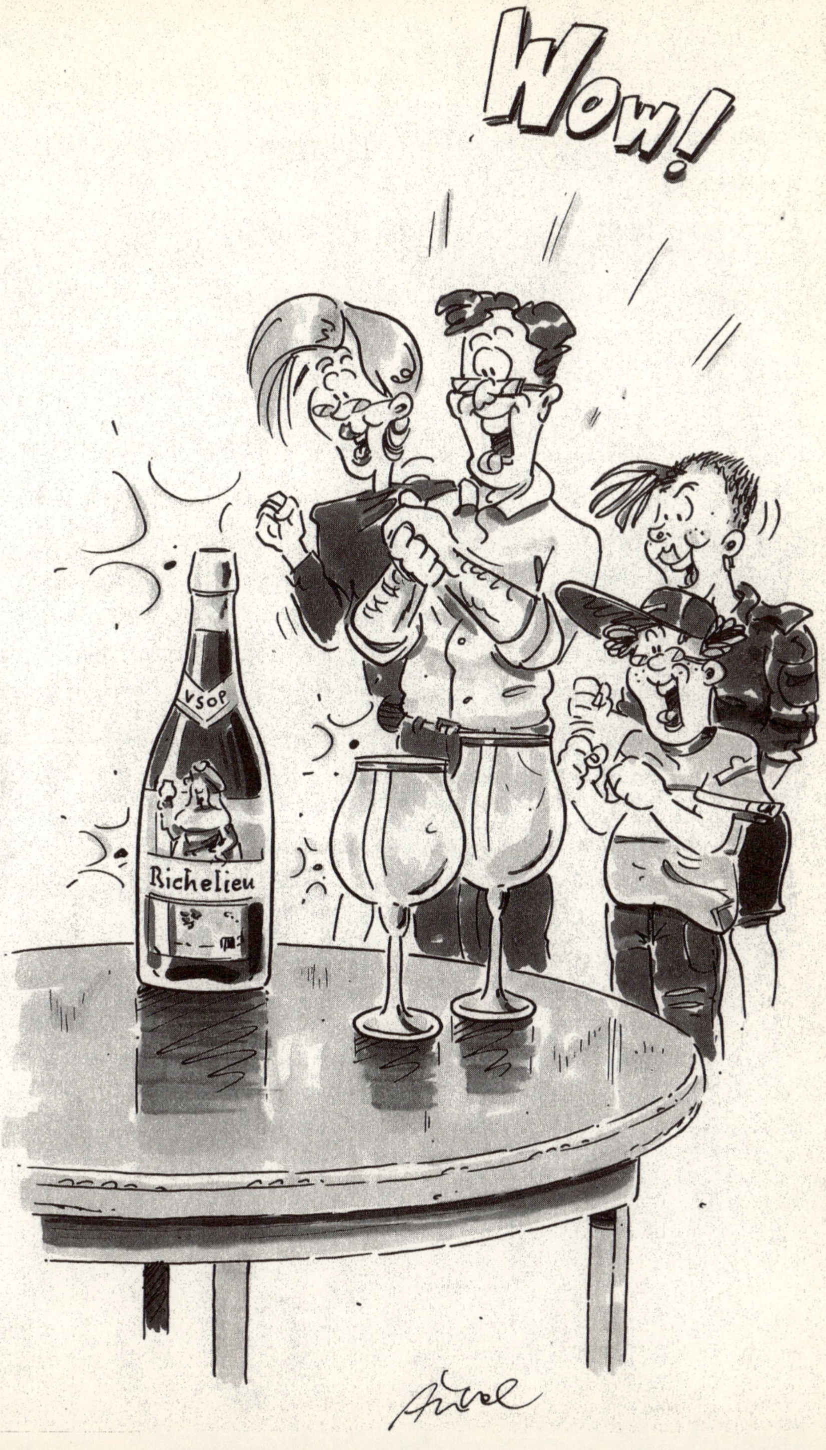
WOW!
VSOP
Richelieu

Wieso musste mein Bruder Kinder zeugen? Warum??!!!!

Heinz hielt kurz inne. „Was soll das?"

„Na, man liest so einiges."

Heinz winkte brüsk ab. „Schwachsinn!"

Ich wollte meinem Neffen würgen – würgen – würgen.

„Du bist ganz sicher?"

Heinz hielt kurz inne.

„Gertchen. Du bist vierzehn – und hast keine Ahnung. Fakt. Ich bin fast vierzig – und habe Ahnung. Fakt. Und das mit dieser Produktpiraterie, das gibt es wohl bei Bosshemden oder bei Parfum, aber niemals bei Richelieu. Dem edelsten Cognac überhaupt. Da passen die in Frankreich schon auf. Und überhaupt. Ich habe schon in den teuersten und besten Restaurants der Welt gegessen und getrunken, und es gibt keinen Fresstempel, den ich nicht kenne.

Und ich, Heinz Decker, sage dir, und das schreib dir hinter die Ohren: Dieser Richelieu ist echt. Absolut echt. So echt wie ich. Klar?"

„Klar, Heinz."

Einmal im Leben

Ich saß an der Theke, trank meinen zweiten Wodka-Orange und wartete auf Erika.
 Erika ließ mich hängen. Wie immer.
 An meinem Cocktail nippend schielte ich auf meine Armbanduhr: 20.11.
 Erika war also elf Minuten drüber.

Okay, dachte ich, was soll's, Erika war noch nie pünktlich, warum also ausgerechnet heute.

„Noch einen?"
 Bianca schenkte mir eins ihrer süßen Kellnerinnenlächeln.
 Ich nickte.
 „Lässt dich mal wieder schmoren, was?"
 „Sieht so aus." Sie warf ein paar Eiswürfel ins Glas.
 „Also, wenn du mich fragst ... Ich würde dich jedenfalls nicht warten lassen."
 Liebevoll, fast andächtig, stellt sie mir meinen Drink hin. „Drei Teile Wodka, ein Teil Orange. Okay?"
 „Ja."

„Als ich dich das erste Mal hier gesehen habe, hast du auch auf eine Frau gewartet. Weißt du noch?"

Ich kramte in meinem Gedächtnis. Sie hieß Tanja. Glaube ich.

„Du hast ganze fünf Minuten gewartet, damals. Dann bist du aufgestanden und gegangen."

Sollte ich mich jetzt schämen?

„Liebe Bianca. Damals war ich dreiunddreißig und konnte mich über starke Nachfrage nicht beklagen; mittlerweile hat sich der Markt ..."

„... für dich verändert. Die Nachfrage lässt nach."

Es ging auf 20.14.

„Wie lange muss sie denn arbeiten?" Bianca begann Biergläser zu spülen.

„Bis um halb."

„Na, dann müsste sie doch längst hier sein. Oder?" Auf Biancas Girlie-Face erschienen ein paar hämische Fältchen.

„Sie wird sich mal wieder eine Wohnung anschauen."

Täglich ein Date mit einem Immobilienmakler. Und wer weiß – vielleicht hat sie sich soeben in den Makler verknallt. Wäre sehr gut möglich. Denn Erika verliebt sich ständig (und heftig). Um sich dann mit schöner Regelmäßigkeit vierzehn Tage später wieder zu entlieben. Erika hatte zu früh geheiratet, einiges verpasst und musste noch eine Menge nachholen.

Sie nahm sich zum Nachholen nicht allzu viel Zeit.

„Ich wette, sie kommt nicht."

„Liebe Bianca. Sie wird kommen."

Ein flüchtiger Blick auf die Armbanduhr. 20.17.
Bianca trocknete ab. „Vielleicht steckt sie ja im Stau ... Wäre kein Wunder ... Gerade jetzt um die Zeit."

Könnte sein. Könnte aber auch nicht sein.
Wahrscheinlich hatte Erika endlich ihre Traumwohnung gefunden und handelte mit dem Immobilienmakler jetzt die Mietkonditionen aus. Sie sucht schon seit zwei Jahren, halt seit der Scheidung. Ihr Exmann ist in der alten Wohnung geblieben, sie selbst hat eine Altbauklitsche provisorisch bezogen, in der die Tapeten schimmeln.

Sofort verwarf ich den Gedanken wieder. Die Wohnung, die Erika sucht, gibt es gar nicht. Kann es gar nicht geben. Jedenfalls nicht in der City von Düsseldorf. Hundert Quadratmeter für achthundert warm. Hi. Erika glaubt immer noch dran.

„Also, wenn du mich fragst, Rudolf, ich glaube, die kommt gar nicht mehr."
Der Wodka rann durch meine Kehle. Um 20.20.

Bianca unterbrach ihre Spülerei und beugte sich über die Theke, um etwas näher an meine Ohren zu kommen. „Bist du eigentlich in die Dame verknallt?"
„Nein."
Sie seufzte erleichtert. „Gut so."
„Wieso?"
Bianca tat so, als ziere sie sich ein wenig. „Na ja ... man weiß ja ... die vielen Männer."

Ein kalter Luftzug traf meinen Rücken. Die Luft kam von draußen. Dann umfassten mich zwei Arme, und Erika knutschte mich.

Von 20.24 bis 20.26.

„Tut mir Leid. Tut mir echt Leid. Kann ich's wieder gut machen?"

Eine Wolke Chanel betäubte mich. Erika hatte sich mächtig eingedieselt.

„Hast du in Chanel gebadet?"

Erika schüttelte ihre blonde Mähne mit den grauen Strähnen.

„Gefällt's dir nicht?"

„Doch, doch ... Es gefällt mir." War ich doch in sie verknallt?

Sie setzte sich auf einen der Barhocker und schlug ihre Beine übereinander.

„Die können sich noch sehen lassen. Oder?"

Diese Frage war mehr rhetorisch gemeint.

Erika bestellte sich einen Cuba libre. „Das nächste Mal komme ich zur Abwechslung mal eine halbe Stunde früher. Dann warte ich zur Abwechslung mal auf dich, und dann hast du was gut zu machen."

Wer's glaubt, wird selig.

„Dummerweise wirst du aber keine Zeit für mich haben, demnächst."

„Ach – und warum nicht?"

Sie hob ihr Glas. „Weil du dich in Martha verlieben wirst und für mich dann keine Zeit mehr hast ... Prost, Amigo." Ihre Augen funkelten.

„Wer ist Martha?"

„Martha ist die Frau, die dich unbedingt kennenlernen möchte." Hinter der Theke gefror Biancas Permanentlächeln.

„Wer?"

„Sie ist eine von meinen Freundinnen. Eine meiner besten sogar. Habe ich dir etwa noch nie von ihr erzählt?"

„Nein."

Erika tat entrüstet. „Na sowas. Wie konnte ich?"

„Ich will ..."

„Sie hat ein Foto von uns beiden gesehen. Und zwar das, was wir letztes Jahr in Holland gemacht haben, in Domburg. Du mit Krabbenbrötchen und Sektflasche, ich in dem weißen Hosenanzug. Jedenfalls war Martha sofort Feuer und Flamme und wollte alles über dich wissen."

„Und du hast ihr dann auch alles erzählt."

„Na hör mal, so was tut man doch für seine besten Freunde."

Erikas Beine änderten ihre Haltung, und die meisten der männlichen Gäste der Kneipe verfolgten die Bewegung mit konzentrierten Mienen.

„Und, bist du dabei?"

Ich überlegte.

„Ist die Dame verheiratet?"

„Nein."

„Verlobt?"

„Nein."

„Vier Kinder?"

„Auch nicht."

„Entstellt?"
„Im Gegenteil."
„Dann sag mir gleich, wo der Fehler ist."

Erika lachte. „Es gibt keinen Fehler. Man könnte eher sogar behaupten, die Dame sei zu perfekt. Intelligent, charmant, witzig." Erika fuhr mit der Zunge über die Oberlippe.
„Und sie sieht blendend aus."

„Hast du kein Foto?"
„Wie: Foto?! Glaubst du mir etwa nicht?"
„Äh. Doch."
Erika lehnte sich zurück. „Dann gibst du jetzt einen aus. Für meine edle Tat, quasi."
Ich spendierte noch eine Runde.

„Sie wird dich morgen im Büro anrufen. Gegen zehn. Sei auf jeden Fall da."
„Ich habe aber einen Termin."
„Dann verschieb ihn halt. Denn ich kann dir versichern: Wenn du sie erst einmal gesehen hast, wirst du nie wieder eine andere sehen wollen. Du wirst süchtig nach ihr werden. Mindestens ..."
Gegen Mitternacht brachte mich Erika nach Hause.
„Und vergiss nicht: Morgen um zehn."
Martha rief tatsächlich an.
Allerdings nicht um zehn.
Sondern um halb zwölf. Pünktlich zur Ankunft meines Geschäftspartners, der ursprünglich für halb zehn eingeplant war.

Vorsorglich hatte ich den Termin aber noch verschoben. Ich ließ ihn mitten in der Begrüßung stehen und stürmte zum Telefon. Gerade noch rechtzeitig.

„Hallo."

„Hallo. Ich bin Martha. Dummerweise habe ich jetzt gar keine Zeit, ich wollte auch schon auflegen. Kann ich dich um 18.00 Uhr noch mal anrufen?"

„Klar doch. Wenn ..."

„Ciao."

Eigentlich wollte ich um 18.00 Uhr mit meinem Bruder Tennis spielen.

Eigentlich.

Ich überzeugte ihn, den Termin mit mir auf einen anderen Tag zu verlegen, denn um 18.00 Uhr hätte ich einen dringenden geschäftlichen Termin wahrzunehmen.

Er schmollte und verlangte meinen Sportwagen fürs Wochenende. Ich willigte ein.

Martha rief um 20.30 Uhr an.

Glücklicherweise konnte ich mich bis dahin mit Arbeit bei Laune halten.

„Ich muss dich kennen lernen, Rudolf. Unbedingt."

„Jetzt gleich?"

„Geht nicht."

„Morgen?"

„Geht nicht."

„Übermorgen?"

„Hm. Moment ... (im Hintergrund war das Rascheln

von Papierseiten zu hören, offenbar wühlte sie in ihrem Terminkalender). ... Hm ... Das ginge ... Sagen wir: 20.00 Uhr im Prinzinger?"

„Wie Sie möchten."

„Lass uns doch ‚Du' sagen..."

In der Nacht hatte ich äußerst beunruhigende Träume. Die Nacht darauf schlief ich gar nicht. Ich war nervös wie ein Vierzehnjähriger vor seiner ersten Verabredung.

Tagsüber ertappte ich mich ständig dabei, wie ich auf Uhren schaute. Die Zeit rann zäh. Zäh wie Camenbert, der in der Sonne schmilzt.

Martha rief um 17.00 Uhr an.

„Tut mir Leid ... (heiser) ... Tut mir so Leid ... Es geht nicht."

„Und wieso nicht, wenn ich mal fragen darf?"

„Weil ... (Schluchzen, leise) ... Weil ... (Schluchzen, lauter) ... Weil ich beim Friseur war ... Und weil ich jetzt ganz ... schrecklich ... (ausdauerndes Schluchzen) ... So grässlich ... aussehe ... Buuuuhh."

„Aber wir waren ... doch." (Meine Stimme versagte.)

„Frühestens in drei Wochen." Dann hatte sie aufgelegt.

Mein geregeltes Leben ging seinen Gang. Fast.

Denn Tag und Nacht dachte ich nur an sie. In einem meiner Träume sah ich sie in einer muschelförmigen Badewanne liegen, ihr linkes Bein gestreckt. Ihr verführerischer Mund leicht geöffnet. „Komm, Rudolf ... Komm ... Ich habe auf dich gewartet."

Ich stieg in die Badewanne.

Irgendwann waren vier Wochen vergangen. An einem Freitag rief sie mich im Büro an.

„Wie wär's mit Sonntag?"

Wir verabredeten uns für Sonntagnachmittag in der Kö-Galerie. Endlich.

Und ich gab ihr – vorsichtshalber – meine Privatnummer.

Beinahe hätte es auch geklappt.

Wenn da nicht Marthas Verwandtschaft gewesen wäre.

Wenn diese nicht die spontane Idee gehabt hätte, Martha am Sonntag Mittag ohne Vorankündigung zu besuchen.

Jedenfalls stellte Martha mir das so dar.

Versteht sich, dass wir unseren Termin auf Dienstag verschoben. Der Besuch wollte bis dahin wieder weg sein.

In der Nacht wachte ich schweißgebadet auf.

Mein Puls raste. Soeben waren Martha und ich, während wir uns auf den Planken einer Luxusyacht in der Karibik liebten, von einem riesigen grauen Öltanker überrollt worden.

Ich ging duschen, trank ein Altbier und legte ein Klavierkonzert von Rachmaninow auf.

Zur Beruhigung.

Den Tag im Büro verbrachte ich in stiller Meditation mit dem Telefon. Ich starrte es pausenlos an und beschwor es. „Du klingelst nicht ... Du wirst nicht klingeln ... Ich befehle es dir."

Um 18.00 Uhr hatte ich es geschafft. Auf Zehenspitzen schlich ich aus meinem Büro.

Leise steckte ich den Schlüssel in das vorgesehene

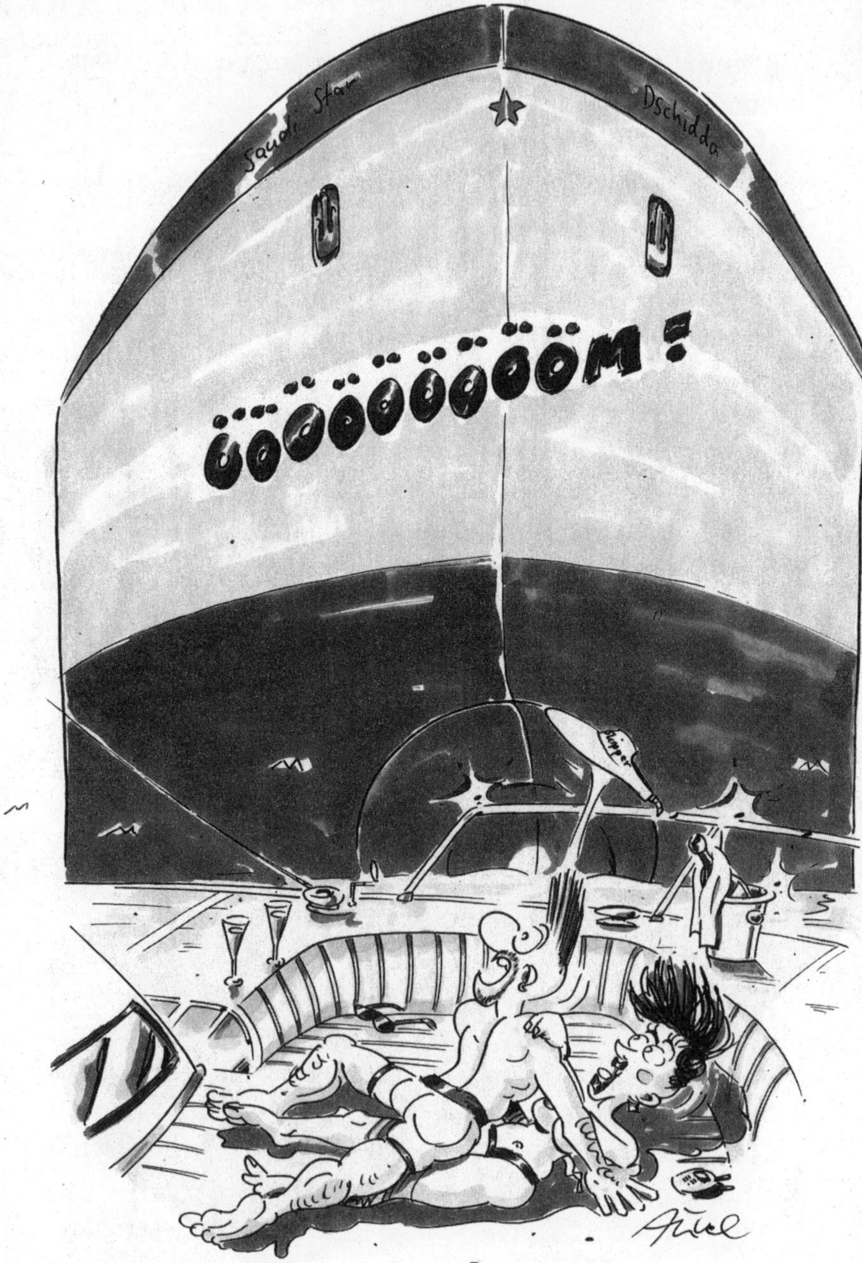
Saudi Star
Dschidda
ÖÖÖÖÖÖÖÖÖM!

Schloss und drehte so sachte wie möglich. Geschafft. Ich schlich zur Treppe.

„Bitte, lieber Gott, wenn es dich gibt, dann setze ein Zeichen."

Der liebe Gott mag es nicht, wenn man ihn missbraucht oder zum Existenzbeweis nötigt.

Vielleicht hatte ich in meiner Jugend auch nicht andächtig genug gebetet.

Vielleicht hätte ich im Religionsunterricht besser die Bibel gelesen. Statt den Playboy.

Ich schloss die Tür wieder auf und ging zum Telefon.

„Es tut mir ja so Leid, Rudolf. Es ist wie verhext. Aber in zwei Stunden geht mein Flug nach Kuba."

„Kuba?!"

„Last Minute, Rudolf. Und purer Zufall. Ich musste mich sofort entscheiden. (Im Hintergrund hörte man die typischen Flughafengeräusche.) Und der Flug geht halt gleich."

„Ich ... äh ..."

„Überleg mal ... Nur 1 400 DM. *All inclusive*. Da muss man doch zuschlagen"

Warum ich?
Was habe ich getan?
Was habe ich verbrochen?

Drei Wochen später rief Erika an.
„Oh, Rudolf ... Es ist so traurig."
„Was ist?"

„Martha."

Mein Puls raste sofort auf 120.

„Sie liegt im Krankenhaus. Seit einer Woche." Erikas Stimme klang mitgenommen.

Ich versuchte, cool zu tun.

„Ja und?"

„Versuch bloß nicht, so cool zu tun. Ich weiß, dass du es nicht bist. Außerdem ist Martha krank ... Wenn auch nicht schwer."

„Was hat sie denn nun?"

„Depressionen."

„Sonst nichts?"

„Und auch Fieber."

„Das Salsafieber?"

„Du machst dich lustig über eine kranke Frau. Eine Frau, die ständig deinen Namen sagt: ‚Rudolf ... Rudolf.'"

Augenblicklich brach mein Herz. Wie hatte ich nur so niederträchtig sein können.

„Wird sie wieder gesund?"

„Wenn du ihr hilfst. Vielleicht."

Dann gab mir Erika die Adresse des Krankenhauses.

Sofort raste ich los.

Martha lag auf einem Einzelzimmer.

Dummerweise hatte ich nicht angeklopft, bevor ich eintrat.

Deshalb hatte der Arzt, der Martha leidenschaftlich küsste und umarmte, auch keine Gelegenheit mehr, die Umklammerung zu lösen.

Und Martha hatte keine Gelegenheit mehr, den Morgenmantel zu ordnen.

Martha war das sehr peinlich. Was mich sehr freute.
Martha sah überhaupt nicht so aus wie in der Muschel. Was mich sehr beruhigte.
Und der Herr Doktor hatte für alles eine Erklärung.
Doktor Rudolf Müller.
Der Arzt, dem die Frauen vertrauen.

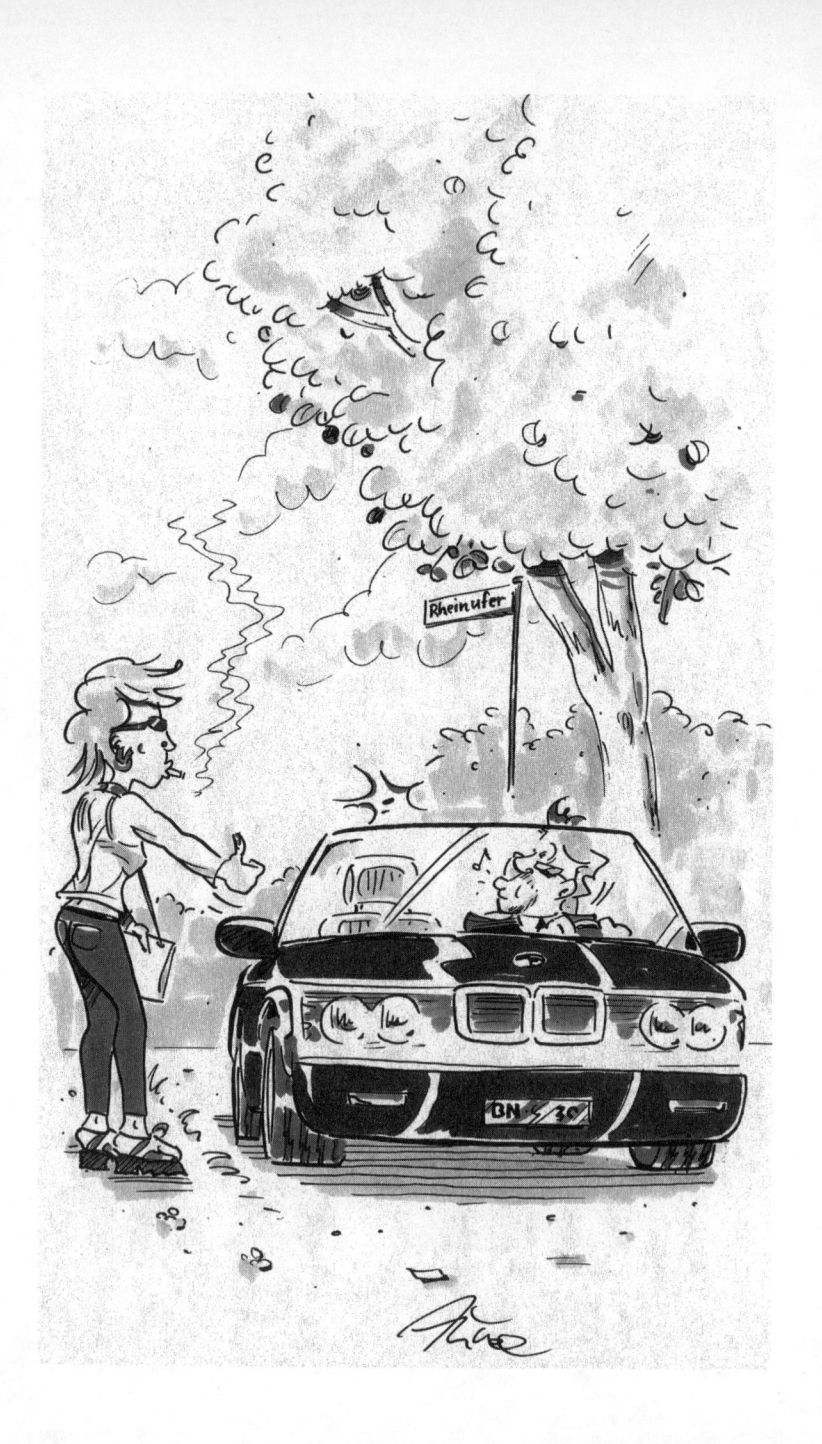
Rheinufer

Die Anhalterin

Jochen bog von der Reuterbrücke ab. In einiger Ferne konnte er den Langen Eugen erkennen.

„Meine geliebte Hauptstadt", seufzte er. Dann ironisch: „Ex-Hauptstadt!"

Sein offener BMW glänzte im Sonnenlicht; für einen späten Septembertag war es angenehm mild, und Jochen hatte bereits am Morgen das Verdeck des Wagens heruntergeklappt. Er pfiff eine Melodie, die man mit viel Wohlwollen als Santanas *Jingo* identifiziert hätte. Zum Glück versuchte er nicht, Carlos Santanas Gitarrensoli nachzupfeifen.

Jochen war gut drauf.

„Die werden sich noch wundern, in Berlin, das weiß ich genau", murmelte er, und sein Blick fiel zur Rechten auf das Haus der Geschichte und später auf den Hauptsitz der Deutschen Telekom. Prachtbauten.

Er zog seine Ray Ban an. Die Sonne stand jetzt genau in Fahrtrichtung und blendete ihn.

„Fast vierzig. Ein guter Job. Ein scharfes Auto. Altersversorgung sicher", dachte er.

„Hätte schlimmer kommen können."

Die Konrad-Adenauer-Allee zog sich hin, der Verkehr verlief jetzt um die Mittagszeit gemächlich. Wäre kein Sonntag gewesen, hätte das Ganze anders ausgesehen.

Bad Godesberg wirkte fast wie ausgestorben. Die meisten der Diplomaten und Botschaftsmitarbeiter, die vorher für ein bunt gemischtes Multi-Kulti-Stadtbild gesorgt hatten, waren für immer und ewig nach Berlin verschwunden. Jochen beschleunigte und schob eine Pink Floyd Kassette ein. *Wish you were here.*

Eine elekronische Symphonie. Dichter Synthesizerteppich, eine Sologitarre, die jeden Ton wie eine reife Traube platzen ließ und später der mehrstimmige Gesang. *Shine on, you crazy diamond ...*

Die Sonne überschritt den Zenit, und Jochen schoss an den Ringsdorfwerken in Mehlem vorbei. Auf der Höhe von Oberwinter konnte er zur Linken den Rhein sehen.

Er beschloss, niemals woanders zu leben. Einmal am Rhein, immer am Rhein.

Auf der anderen Seite des Stroms erhoben sich die Hänge des Drachenfels. Und Pink Floyd sangen: *Welcome to the machine.*

Etwas später passierte er die Rheininsel Nonnenwerth. Dann sah er sie an der Straße stehen.

Ihr Haar schimmerte honigblond und ihr Mund auffällig rot. Jochen schätzte sie auf zwanzig.

Vielleicht weniger. Sie trug eine eng anliegende Hose, eine fast durchsichtige Bluse, Plateauschuhe und diverse

Piercings. Bescheuert, dachte Jochen, das muss höllisch geschmerzt haben. Gleichzeitig fuhr er den Wagen an die Seite und wandte sich um.

„Hallo."
Das Mädchen ging langsam auf den Wagen zu. Ihre Augen waren grün. Und riesengroß.
„Nimmst du mich mit?"
Katzenaugen, dachte Jochen und hielt die Tür auf. Sie setzte sich und streckte die Beine aus.
Lang. Sehr lang, dachte er. Während ihr Blick über das Amaturenbrett schweifte.
„Schönes Auto, das Ganze."

Sie schob sich einen Kaugummi zwischen die Lippen. Ihr Parfum kitzelte in seiner Nase.
„Geht so." Jochen versuchte, bescheiden zu sein.
„Ich kenne nicht viele, die so was fahren. Leider."
Jochens Blicke wanderten abwechselnd nach links auf die Erpeler Ley, und nach rechts auf die Kaugummi kauende Elfe.

„Was ist das für Musik?"
„Pink Floyd."
Das Mädchen machte aus dem Kaugummi eine Blase und ließ sie vor ihren Lippen platzen.
„Kenn ich nicht. Bisschen lahm, irgendwie."
„Und was ist deiner Meinung nach nicht lahm?"
Sie verstärkte ihre Kaubewegungen. „Fettes Brot. Massive Töne. Oder die Ärzte."
Aus den Boxen kamen jetzt Geräusche, als würde

jemand an einem alten Radio versuchen, einen Sender zu finden. Plötzlich Geigen. Genauso plötzlicher Abbruch. Eine einsame Elektrogitarre setzte ein. *So you think you can tell ...*

„Ist deine Anlage kaputt?"

Jochen musste schallend lachen.

Dann fuhren sie auf Remagen zu. Rechts, auf einer Anhöhe, ragte die Apollinariskirche.

„Nach dem Namen der Kirche da oben ist ein Mineralwasser benannt", sagte Jochen.

„Wie aufregend."

„Habe ich ja nicht behauptet. Aber immerhin weiß man's."

„Ich heiße, übrigens, Anita Janine ... Und dürfte ich dich was Indiskretes fragen?"

„Nur zu."

Die grünen Augen schauten unergründlich. „Wie alt bist du?"

„Siebenunddreißig."

Anita Janine schaute ihn gekünstelt frivol an.

„Wow! Süße, verdorbene siebenunddreißig. Und ich hätte auf vierzig getippt. Hi."

Heinz war ganz und gar nicht geschmeichelt.

„Und du?"

Anita Janine kicherte. „Halb so alt wie meine Mutter."

„Jetzt weiß ich alles."

„Können wir am Rhein ein Eis essen gehen?"

Jochen bejahte und lud sie ein. Ein paar Minuten später saßen sie in einem Eiscafe.

Anita Janine bestellte sich einen Malagabecher, Jochen ein Cassata.

„Eine Kalorienbombe. Aber ich kann's mir leisten, denke ich."

Die Antwort gaben die Blicke der um sie herum sitzenden männlichen Gäste. Jochen wusste, was sie dachten. Das Gleiche, das er auch gedacht hätte.

„Bist du verheiratet?"

Jochen schüttelte den Kopf. „Glücklich geschieden."

„Kinder?"

„Keine."

„Warum bist du geschieden?"

Jochen grinste. „Weil es die anderen in meinem Alter auch fast alle sind, da wollte ich nicht nachstehen."

„Klingt logisch." Anita Janine führte einen mit Rosinen gehäuften Löffel mit einer lasziven Bewegung Richtung Mund. Der Malagalikör, den die Früchte aufgesogen hatte, schmeckte köstlich.

„Bist du denn in festen Händen?"

Fast hätte sie aufgeschrien. „Never!"

„Aber du hast doch ab und zu mal ..."

„... mit Jungs? Na klar!" Zwei Stufen zu laut. Die Kellnerin hätte um ein Haar das Tablett fallen lassen. Jochen wurde rot.

„Aber das ist doch wohl nicht wichtig. Oder?"

Mein Gott, dachte Jochen, warum machen dann alle so einen Aufstand deswegen?

Anita Janine beugte sich vor und bemühte sich, leiser zu sprechen.

„Wie war das denn eigentlich '68? Die Revolution und so. Kam das gut?"

Jochen nahm einen Bissen Cassata. „Weiß ich nicht. Da war ich sieben. Auf jeden Fall erinnere ich mich, dass plötzlich alle lange Haare trugen. Vielleicht fragst du dazu besser mal jemand älteren. So einen, der jetzt 55 rum ist. Die haben da richtig mitgemacht. Einige zumindestens."

Anita Janine schlürfte das geschmolzene Eis, das sich mit dem Malagalikör zu einer braunen Sauce vermischt hatte, mit einem Strohhalm.

„Hast du schon mal vor einem Kernkraftwerk demonstriert?"

„Nein. Auch damit kann ich nicht dienen."

Das Mädchen war ein wenig enttäuscht.

„So politisch waren wir eigentlich auch nicht", sagte Jochen. „Wir hatten es mehr mit *Night fever*. Travolta. Tanzen. Tanzen. Tanzen. Und wir trugen die Haare kurz."

„So kurz wie Skins?"

„Um Gottes willen. So kurz nun auch wieder nicht."

Anita Janine schien noch nicht ganz zufrieden.

„Und politisch lief gar nichts?"

Jochen kratzte sich am Kinn.

„Und ob. 1982 löste die CDU die SPD ab und Boris Becker gewann Wimbledon. Und Bobbele wurde so eine Art Idol. Unpolitisch. Leistungsorientiert. Nett. Das setzte sich durch. Der Typ zusammen mit der CDU, das war's."

„Fandest du den auch gut?"

„Nein. Außerdem finde ich Tennis langweilig. Aber die Leute, die jetzt so um die Dreißig sind, die stehen auf den wie sonst was. Turbokarriere, Designerjob und Kinder, so in etwa wie er."

Anita Janine schaute einem Dampfer hinterher. „Passt. Die Dreißigjährigen, die ich kenne, haben tierisch früh geheiratet. Mit Kirche und so."

„Ich nur standesamtlich."

„Wollte deine Frau nicht?"

„Wir wollten beide nicht."

Anita Janine hielt die Kellnerin auf, die am Nebentisch kassierte und bestellte zwei Espresso.

„Wo stehst du denn so; ich meine: moralisch, politisch?"

Jochens Stirn warf Falten

„Ich glaube, ich bin so eine Art Grauzone. Irgendwas dazwischen. Nicht so richtig '68er, nicht so richtig '80er. Jedenfalls einer, der Steuern bezahlt und nicht vor Kernkraftwerken demonstriert. Warum auch, schließlich finde ich Kernkraft okay."

Der Espresso kam. Heiß. Schwarz. Zuckersüß. Sie tranken.

„Hast du noch mal Lust, zu heiraten?"

Jochen überlegte. „Ich würde es nicht ausschließen."

„Und hast du eine Freundin?"

„Zur Zeit nicht ... Wieso?"

Anita Janines Augen bekamen wieder diesen unergründlichen Ausdruck.

„Weil das eigentlich schade ist. Ich meine, du bist zwar ein Gruftie, aber an sich noch ganz knackig. Und (sie warf einen demonstrativen Blick auf den parkenden

BMW) offensichtlich nicht ganz erfolglos. Da ließe sich was machen ... Ich wüsste auch schon jemanden."

Anita Janine kramte ein Lederetui aus ihrer Hosentasche und zog ein Foto heraus.
Sie legte es Jochen auf den Tisch.
„Nicht schlecht, was?"
Jochen betrachtete das Foto eingängig. Und pfiff durch die Zähne.
„Kann sich sehen lassen. Kennst du die Dame näher?"
Anita Janine prustete. „Ob ich die kenne?! Na rat mal, wer das sein könnte."
Jochen hatte schon beim ersten Rateversuch einen Volltreffer.

„Wie wär's denn, wenn ich dir die Dame mal vorstelle?"
Jochens Herz machten einen Hüpfer.
„Da werde ich mich nicht wehren."
„Gut. Ich werde sie dir vorstellen. Und ich gebe dir ein paar Tipps, was das Erobern angeht. Auch wenn du das ohne meine Hilfe könntest."
„Und was hast du persönlich davon?"
„Eine Menge. Eine ganze Menge. Zum ersten verhindert es, dass sie sich wieder so einen Öko an Land zieht; und zum zweiten verhindert es, dass sie sich einen Dreißigjährigen angelt, der mit aller Gewalt Kinder will, bloß weil dieser Becker zwei hat. Eins reicht. Und nicht zu vergessen: Grund Nummer drei."
„Und der wäre?"
Anita Janine lächelte süß.

„Du kannst mich des Öfteren mit dem scharfen Schlitten von der Schule abholen. Hi."

„Das ist sehr selbstlos."

„So bin ich nun mal. Aber wenn du mich dann abholst, dann hören wir andere Mucke. Zum Beispiel die *bloodhound gang*. Und du bringst deine Anlage vorher in Ordnung."

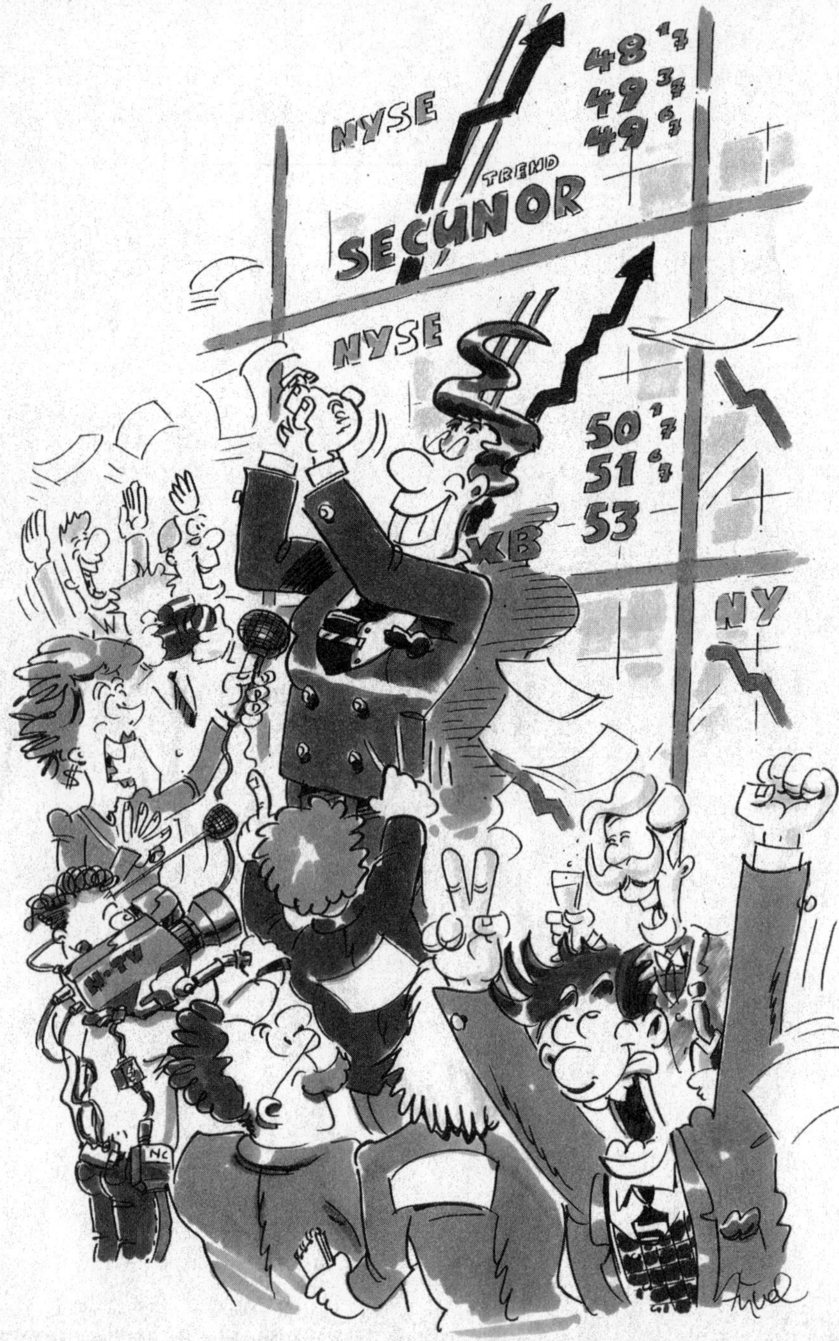
NYSE
48
49
49
TREND
SECUNOR
NYSE
50
51
53
KB
NY
N-TV
NC

Internet

Irgendwann hatte uns Gertchen so weit.
Wir hatten nachgegeben.
Gertchen hatte alles klar gemacht.
„Ab jetzt gehört ihr dazu."
Wir waren vernetzt.

„Und haltet euch solange zurück, bis ich's euch erklärt habe. Das Ding hat seine Tücken."
Dann war Gertchen weg.
„Endlich", sagte meine Frau. „Ich wollte schon immer mal Leute in Brisbane kennen lernen."
Wie war meine Frau bis jetzt nur ohne Chatpartner in Brisbane ausgekommen?
Hatte sie schwer leiden müssen?

Der Abend zog sich.
„Mein Gott ... Ich kann's gar nicht abwarten."
Meine Frau legte den Hundeblick auf; mir war klar, was das zu bedeuten hatte.
„Meinst du wirklich?"
Sie winkte ab. „So schwer kann's ja wohl nicht sein, oder?"

Meine Handflächen wurden augenblicklich feucht. Wir hockten vor dem PC und schalteten an.

„Ich weiß nicht ... Wir sind fast vierzig – nicht vierzehn."

„Eben. Wenn das Teenies schaffen, die ansonsten schon an der Bruchrechnung scheitern, dann packen wir das erst recht. Außerdem (ironisch) hast du doch ein Diplom."

Ich bewegte die Maus und dirigierte den Cursor auf den Internetexplorer.

In Windeseile (der PC taktet mit 700 MHZ) präsentierte der Computer die Willkommensseite.

„Na also", sagte meine Frau. „Wir sind drin."

„Das ist aber einfach. Huha."

„Siehste."

Ich grübelte. „Und was wollen wir uns anschauen?"

Es ging auf 16.00 Uhr zu, als meine Frau auf die glorreiche Idee kam.

„Lass uns doch mal gucken, was der deutsche Aktienindex macht."

Ich klickte auf die Spalte FINANZEN und arbeitete uns bis zu DEUTSCHE AKTIEN vor.

Doppelklick.

Auf dem Bildschirm erschien ein Chart. Allerdings nicht der Chart des Deutschen Aktienindex (DAX). Statt dessen präsentierte man den Verlauf der SECUNOR-Aktie. Darunter war der Kommentar eines Wertpapieranalysten einer deutschen Großbank zu lesen.

Er empfahl den Anlegern eindringlich, die Papiere zu

verkaufen. Der Verlauf der Kursentwicklung ließe gar keine andere Entscheidung zu.

„Guck dir das mal an", wies mich meine Frau auf das rechte Ende der Kurve hin. „Die Aktie ist vor sechs Monaten mit 116 Euro an die Börse gekommen, und jetzt notiert sie bei 14 Euro.
Das Ding hat im Verlauf von nur sechs Monaten satte 102 Euro verloren! Und das stetig!"
„Die armen Anleger, die damals gekauft haben."

Meine Frau machte ein besorgtes Gesicht. „Stell dir mal vor, das wäre mit unseren VEBA-Aktien passiert. Nicht auszudenken."
Ich stellte es mir nicht vor.
„Klick mal weiter", sagte meine Frau. „Irgendwie wird es ja wohl noch eine Möglichkeit geben, sich den Index anzusehen. Wen interessiert so was wie SECUNOR?"

Ich drückte die Escapetaste, um wieder eine Etage zurückzukommen. Escape ist ein Begriff aus dem Englischen und bedeutet so viel wie Flucht, Entkommen. Aber ich kam nicht zum Fliehen.
Auf dem Bildschirm tat sich rein gar nichts.
„Drück noch mal!"
Ich drückte. Ohne Erfolg.
„Lass mich mal ran."
Meine Frau übernahm die Maus und klickte ein Feld der Menüleiste nach dem anderen ab, bis sich etwas tat.
Eine Zahlenkolonne erschien. 10. 50. 100. 200. 500. 1000.

„Was bedeutet das?"
„Woher soll ich das wissen? Bring uns lieber hier raus."

Meine Frau klickte fast alles ab, was überhaupt zu klicken war. Zuletzt klickte sie die Zahlenkolonne ab.
Der Bildschirm verdunkelte sich.
Dann erschien auf einer grellweißen Leiste eine Frage. L oder OL? Geben Sie die Antwort, indem Sie J oder N drücken.

„Was heißt das denn schon wieder?"
„Ich würd's dir verraten, wenn ich's wüsste."
Die Hand meiner Frau, die die Maus bewegte, zitterte.
„Was soll ich tun? Sag schon!"
Ich grübelte. „Klick irgendwas. Hauptsache, wir kommen raus!"
„Du hast es so gewollt."
Meine Frau klickte auf OL, und der Bildschirm wurde sofort wieder dunkel.
Bis die nächste Frage erschien.
„Mein Gott! Wieso lässt uns das Ding nicht raus?!"

Der Computer (oder was auch immer) wollte wissen, ob wir ein Aktiendepot unterhalten.
Ich drückte auf dem Keyboard ein J („Gib positive Antworten. Das vergrößert unsere Chancen") und gab dem Ding meine Depotnummer. Später fütterte meine Frau den PC mit unserer Bankverbindung.
„Ich sag's dir – wenn irgend so ein Hacker in unser Konto eindringt – ich würg dich!"
Eine viertel Stunde später waren wir endlich draußen.

Ich hatte mich an die Geschichte von Alexander dem Großen und den Gordischen Knoten erinnert und einfach den Stecker rausgezogen. Mir war alles egal. Nur raus.

Eigentlich hatten wir dann, einen Tag später, Gertchen erwartet, der versprochen hatte, uns in die Geheimwelt des Internet einzuführen.

Statt Gertchen standen zwei distinguiert gekleidete Herren vor der Tür.

Ein Älterer und ein Jüngerer. Der Jüngere musterte mich wie einen Aussätzigen.

„Und Tag, Herr Peil. Mein Name ist Schulz. Und (er deutete auf seinen Kollegen) das ist Herr Wondraschek. Wir sind Mitarbeiter der Börsenaufsicht. (Sie präsentierten ihre Ausweise.) Dürfen wir reinkommen?"

„Börsenaufsicht?!"
Der Ältere, Schulz, durchbohrte mich mit einem grausamen Blick.
„SECUNOR. Alles klar?"
Der Jüngere machte einen Schritt auf mich zu.
„Wir können auch anders."

Ich ließ die beiden herein und führte sie ins Wohnzimmer.

Wondraschek musterte meinen PC. „Aha! Von hier aus also"
Mein Herz raste.
„Könnten Sie mir vielleicht irgend..."
„Wir stellen hier die Fragen! Die erste ist: Haben Sie

oder Ihre Frau irgendwelche Verwandte, Bekannte, Freunde – oder was auch immer – bei der SECUNOR AG?"

Wondrascheks Ton war scharf.

„Nein."

„Sind Sie da absolut sicher?"

„Ja. Sicher. Absolut."

„Würden Sie das unter Eid aussagen?"

„Ja."

„Gut. Wir überprüfen ohnehin alles."

Ich beschloss, alle Fragen zu beantworteten. Hauptsache, ich würde die beiden los.

Schulz zog einen Zettel aus der Tasche, klappte ihn auf und las vor.

„Geben Sie, Rudolf Peil, Folgendes zu: Gestern, Punkt 16.22 Uhr kauften Sie über Internet 1 000 SECUNOR-Aktien. Ohne Limit. Fakt ist: Um 16.27 wurde der Kauf ausgeführt. Sie erwarben 1000 Aktien der SECUNOR-AG zum Preis von 14,55 Euro. Die Aktien wurden Ihrem Aktiendepot gutgeschrieben, der Kaufpreis von Ihrem Girokonto abgebucht; die Daten hatten sie angegeben."

„Nein!"

Die beiden schauten sich eindeutig an. (Tut der nur so – oder ist der so?)

„Wollen Sie leugen?"

„Äh ... Nein ... Aber ich ..." Eine Hitzewelle schoss durch meinen Körper. Der SECUNOR-Chart.

Eine Ahnung tat sich urplötzlich auf.

„Es ... Es könnte sein ..."

Dann fiel es mir wie Schuppen von den Augen. Und die zweite Hitzewelle rauschte heran. Als ich überschlug, dass ich für rund 27 000 DM Aktien gekauft hatte. OL ... Ohne Limit. Mein Dispo musste hemmungslos überzogen sein. Eine Faust drückte meinen Magen zusammen.

Wondraschek schaute mich an.

„Heute morgen war Hauptversammlung bei SECUNOR. Den Aktionären wurde ein bis dahin absolut geheim gehaltenes Übernahmeangebot der TERRAFLOR AG angeboten. Der Kurs der SECUNOR-Aktie schoss daraufhin wie eine Rakete in die Höhe. Zuletzt auf 46,50 Euro. (Die dritte Hitzewelle rollte.) Das sind satte 320 Prozent Plus. Und gestern hat ein gewisser Rudolf Peil zufällig, so ganz zufällig, einen Tag vor der Hauptversammlung, stolze 1000 SECUNOR-Aktien gekauft. Rein zufällig, natürlich. Ein Mensch, der mal gerade 50 VEBA-Aktien im Depot hat, seit Monaten keine Aktien gekauft hat, kauft urplötzlich mal für 14 000 Euro 1000 Aktien einer Firma, die fast kaum ein Mensch kennt. Einen Tag vor der entscheidenden Nachricht. Und außer ihm kauft kein anderer. Nur er allein. Und Sie glauben allen Ernstes, dass das keinem auffällt?! Erklären Sie uns das mal!!"

Ich versuchte es. Natürlich haben sie mir kein Wort geglaubt. Aber irgendwann waren sie es leid und gingen. Nicht, ohne mir noch einen Tipp zu geben. „Wir überprüfen das. Alles. Jedes Detail. Und wir kommen wieder."

Als sie aus dem Haus waren, lief ich zum Telefon und

rief meine Bank an. Ich wurde sofort zur Wertpapierabteilung durchgestellt.

„Wir gratulieren, Herr Peil", tönte der Abteilungsleiter durch den Hörer. „Das mit SECUNOR gestern, das war spitze. Vollkommen reife Leistung. Hoho. Aber mal ganz unter uns Betschwestern – Sie hatten einen Tipp?"

„Nein."

„Sie hatten da einen Bekannten sitzen?"

„Nein."

„Hohohoho."

Dann erklärte er mir noch, dass SECUNOR mittlerweile bei 52,30 Euro notierten. Tageshoch.

Ich solle verkaufen; nach Übernahmeangeboten ginge der Kurs in der Regel nicht höher.

Ich gab ihm den Verkaufsauftrag und das erste Felsengebirge fiel mir vom Herzen.

„Kommen Sie doch mal vorbei, Herr Peil. Vielleicht haben Sie für uns ja auch einen Tipp übrig, hi, wir müssen ja auch leben, hihi."

„Demnächst."

Ich goss mir einen Cognac ein und rief meine Frau an. Ich musste mehrmals wählen, so zitterten meine Finger. Dann schnappte ich mir einen Taschenrechner. Mir wurde schwindlig, als ich meiner Frau das Ergebnis mitteilte. „Wir haben heute 75 000 Deutsche Mark verdient."

Meine Frau schrie vor Freude.

Wahrscheinlich wäre ich ohnmächtig geworden, wenn es nicht geklingelt hätte.

Ich rechnete mit Gertchen und rannte zur Tür. Doch draußen war kein Gertchen.

Da war ein Mikrofon, das mir vors Kinn gerammt wurde. Eine Dame, die es hielt.
Zwei riesige Kameras. Ein Übertragungswagen. Und die Buchstaben BTV auf allem. BörsenTV. Blitzlichter zuckten. Alle Nachbarn waren versammelt. Blickten mich ehrfürchtig an.
„WIE KAMEN SIE AUF SECUNOR? ... HABEN SIE KONTAKTE? ... SIND SIE BTV-FAN? ... WAS HALTEN SIE VON DER CHARTANALYSE?"

Ich holte tief Luft.
„Ich hab eigentlich gar keine ..." Weiter kam ich nicht. Die Nachbarn fingen an zu grölen.
„GIB UNS EINEN TIPP! ... GIB UNS EINEN TIPP!"

Die Dame mit dem Mikrofon blickte mich suggestiv an.
„Sie wollen Ihre Nachbarn doch wohl nicht enttäuschen – oder?! Und doch sicher auch nicht die 2,5 Millionen Zuschauer, die jetzt live dabei sind. Oder?!"

In meinen Hirndrähten zuckten Blitze und entluden eine Million VOLT. Mein Gedächtnis scannte jede Ecke ab, in der irgendwas über das Thema Aktien abgelegt war. Bis mir der Name des Chipherstellers einfiel, den Gertchen ständig nannte, wenn er von Computern schwärmte.
„Ähem ... Kaufen Sie ... Also ich würde..."

„Ja was?! Sagen Sie's!"
Die Nachbarschaft fing sofort wieder an. „SAG ES! ... SAG ES! ... SAG ES!"

„AXB."
„Die Chipaktie?"
„Genau die."
„Wow!"

Dann kam meine Ehefrau angebraust, erfasste sofort, was los war (sie hatte BTV im Radio gehört), stieg aus und lud die gesamte Horde in unsere Wohnung ein. Nicht ohne sich mit einem Handy demonstrativ vor die Kamera zu stellen, und nachdem das Mikrofon startklar war, loszulegen: „Ich kaufe jetzt bei unserer Hausbank, weil ich meinem Mann voll und ganz vertraue, für (sie machte eine dramatische Geste) 50 000 Deutsche Mark Aktien von AXB."

Sie rief die Bank an und bestellte. Plötzlich zuckten sämtliche Nachbarn ihre Handys.

Einige andere Bundesbürger bestellten ebenfalls. Die Käufe trieben den AXB-Kurs von 18,5 Euro auf 19,7 Euro. Dann ging die Party los.

Der Nachmittag war dann auch noch ganz schön.
Am Abend wurde immer noch getanzt.
Gegen 19.00 Uhr schaltete ich den Fernseher ein, BTV, was sonst. Als hätte ich es geahnt, aber das Unglaubliche war passiert. Ein Konsortium von US-Firmen hatte ausgerechnet an diesem Abend ein Übernahmeangebot für AXB abgegeben und den Kurs mittlerweile auf 46 Euro

hochgetrieben. BTV berichtete live aus dem Börsensaal in New York. An der Wall Street war die Hölle los. Kaufpanik für AXB.

Um 20.00 Uhr war die Party auf dem Siedepunkt. Alles tanzte. Die gesamte Nachbarschaft war im Gewinn. Und außer sich vor Freude. Um 20.30 Uhr unterschrieb ich einen Vertrag bei BTV und bekam eine eigene Börsenshow. Meine Frau durfte assistieren (gegen entsprechendes Entgelt). 20.40 Uhr hatte ich meinen Chef an der Strippe und kündigte. „Das werden Sie bereuen!"
Ich bekam einen Lachkrampf. Denn ich würde jetzt das Achtfache seines Gehalts einstreichen.
Um 22.00 Uhr rauschten die US-Börsenschlusskurse über die BTV-Banderole.
Der Schlusskurs von AXB war auf 55 Euro angestiegen.
„Der ist genial!!"
Eine unserer Nachbarinnen, Frau Tegtmeyer, schrie schrill auf, als sie den Kurs sah.
„Max! Max!! Das Haus!! Es ist abbezahlt!!!JAAAAAAAA-AAAAA!!!!!!!!"

Ich wachte auf. Und sah in das besorgte Gesicht meiner Frau.
„Hast du Albträume gehabt?"
Ich kam so langsam wieder zu mir.
„Nein, Häschen. Keine Albträume. Ganz und gar nicht … Übrigens … Fällt mir gerade so ein … Wir sollten ins Internet … Das ist total einfach."

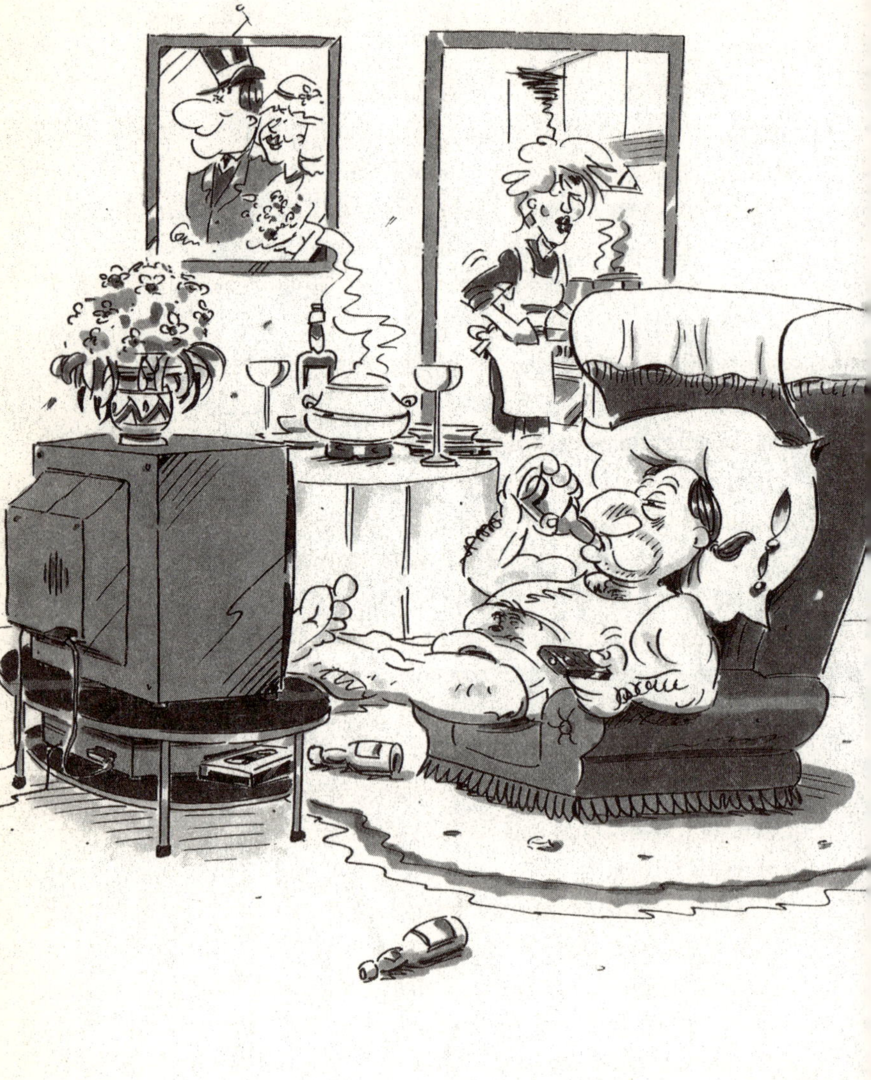

Nadja. Die Ehe

Nadja heiratete mit fünfundzwanzig. Selbstverständlich kirchlich.

Als sie zu ihrem Angetrauten in die Hochzeitskutsche stieg, knipste der Fotograf einen kompletten Film voll. Nadja und Bräutigam Peter. Ein Bilderbuchpaar. Nadja in weiß, Peter in dunkelblau. Zuversichtlich lächelten sie für die Gästeschar, in der auch ich mit meiner Mutter stand.

„Weißt du eigentlich, dass jede dritte Ehe geschieden wird? Und dass es sogar noch mehr wären, wenn keine Kinder ..."

„Klappe!"

Ich schlug die Hacken zusammen und lächelte wieder dem Brautpaar zu; meine Mutter duldete keine Kritik in solchen Dingen.

„Wie gut der Peter ausschaut, so im Anzug. Direkt zum Anbeißen."

„Ja, Mutti."

Peter sah, zugegebenermaßen, nicht schlecht aus. Der Anzug saß fast perfekt auf dem trainierten Körper (Peter spielte zweimal die Woche Fußball) und die widerspenstigen Haare hatte er mit Unmengen von Wetgel in eine durchaus fotogene Form gebracht. Peters Gesicht war Optimismus pur, die Augen funkelten über einer erhabenen Aristokratennase (wobei zu bemerken wäre, dass er dennoch kein Aristokrat war) und die perlweißen Zähne blitzten in der Maisonne.

„Der Peter sitzt schon richtig fest im Sattel. Beamter auf Lebenszeit."

Hat man da nicht allen Grund zur Freude?

Und, ich musste es zugeben, ich war neidisch. Nicht auf sein Gehalt. Sondern auf seine Braut. Nadja war eine der schönsten Frauen, die mir bis dahin zu Gesicht gekommen waren. Sie glich meinem damaligen Schwarm, Prinzessin Caroline von Monaco, fast bis ins Detail (soweit mir diese zugänglich waren); sogar ihr Gang war Caroline-like.

„Nadja ist ja auch gut versorgt mit dem Job beim Kreiswehrersatzamt ..."

Meine Mutter winkte dem Paar zu. „Die wäre was für dich gewesen."

Dummerweise musste ich mich mit Nadjas Schwester begnügen, die nicht ganz das optische Format von Nadja hatte. Sie hieß Anja und war dreiundzwanzig.

Anja hatte, genau wie ich, keinen Job und schlug sich mit Gelegenheitsanstellungen durch. Außerdem studierte sie, trug keine Kleider *(forever in blue jeans)* und lehnte das Establishment weitgehend ab. (Heute nicht mehr. Hi.) Konsequenterweise war sie der kirchlichen Feier dann auch ferngeblieben.

„Das halte ich nicht aus", hatte sie mir gesagt. „Heiraten an sich ist ja schon eine Zumutung ... Aber auch noch kirchlich?!"

Warum ich selber zu der Feier gegangen bin, kann ich selber nicht sagen. Vielleicht nur, weil ich heimlich ein wenig in Nadja verknallt war. (Wenn auch ohne die geringste Chance.) Vielleicht auch, weil meine Mutter mich überredet hatte; ich kann es wirklich nicht sagen.
Möglich auch, dass ich das Paar wenigstens noch einmal glücklich sehen wollte.
Bevor die Ehe begann.

Denn Peter, der zum Zeitpunkt der Eheschließung achtundzwanzig war (und aus erzkonservativem Elternhaus stammte), hatte von der Ehe gänzlich andere Vorstellungen als Nadja.
Was sich in etwa so darstellte, dass er bereits eine knappe Woche nach der Feier damit begann sich regelmäßig auf der gemeinsamen Wohnzimmercouch in der Zeit von 18.00 bis 20.00 Uhr von seinem anstrengenden Dienst als Sachgebietsleiter im KFZ-Meldeamt zu erholen. (Die Autokonjunktur boomte.) Das Ganze vollzog er schnarchend.
Um 20.15 (nachdem er die Nachrichten verdaut hatte) beliebte er, mit seiner Gattin zu speisen.
Das Abendessen (warm) hatte diese während seiner Schlafphase zubereitet, mit Zutaten, die sie in den Stunden vorher im Supermarkt und diversen anderen Geschäften eingekauft hatte.

Im Rahmen des Abenddinners tauschten sie sich ein wenig über Tagesereignisse aus, lachten hier und da ein bisschen und besprachen ein paar organisatorische Dinge für den nachfolgenden Tag.

Gegen 21.00 Uhr begann Nadja mit dem Abwasch, und Peter genoss – erst mal solo – die Wonnen des Abendfernsehprogramms. Bis so um 21.30 Uhr Nadja dazukam, um mit ihrem Gatten (wenn er vor der Glotze noch nicht eingedöst war) noch ein Glas Rotwein zu trinken.

Der Abend endete dann gegen 23.00 Uhr; man ging schlafen.

Der Ausnahmetag war der Mittwoch. Da ging Peter zum Fußballtraining und kam gegen 23.00 Uhr mit gigantischer Bierfahne (... die verlorene Flüssigkeit muss wieder aufgefüllt werden) rein, plumpste ins Ehebett und schlief auf der Stelle ein (so wie in der Hochzeitsnacht).

Aber auch das endete irgendwann, denn Peter zog sich eine Meniskusverletzung zu und musste mit dem Fußball aufhören. Endlich konnte er sich ganz seiner Lieblingsbeschäftigung widmen: Fernsehen.

Wobei dies dann, einige Monate später, auch nicht mehr ausreichte, und Peter ein Videogerät kaufte. Später folgte ein Computer und ein riesiges Sammelsurium von Computerspielen.

„Aber die Wochenenden erst, Rudolf, das reinste Martyrium."

Denn Peter nutzte den Sonnabend zu nichts anderem als: Einkaufen, Videofilme ausleihen, Auto waschen, Fernsehen, Computerspiele, Videosehen.

„Und ratet mal, was wir sonntags gemacht haben?"

„Freunde eingeladen, spazieren gehen, reisen?"

„Denkste. Sonntag ist nämlich Ruhetag. Sabbat und so. Da wird sich ausgeruht und kein Handschlag getan. Peter ist nämlich katholisch."

„Heißt das: Schlafen?"

„Richtig", seufzte Nadja. „Und das sogar im Sommer bei dreißig Grad und strahlend blauem Himmel."

Wir, Nadja, Anja und ich, saßen in Anjas Wohnzimmer und aßen Erdbeeren. Mit unverschämten Mengen Sahne.

Anja wischte mit einer Serviette Sahnetupfer von ihrem Mund.

„Aber ihr seid doch jedes Jahr in Urlaub geflogen?"

„Oh ja. Das sind wir. Echte Traumurlaube."

Denn Peter gab seine lieben Gewohnheiten auch im Urlaub nicht auf.

„Ihr könnt euch das nicht vorstellen: Punkt 07.30 Uhr: Aufstehen – der Typ hat sogar den Wecker gestellt. (Bloß das Frühstück nicht verpassen. Ist bezahlt.); 08.15 Uhr: Frühstücken und Handtücher auf die Poolliegen (bevor ein anderer ...); 09.00 Uhr: Antreten zum Sonnen."

„Und dann?"

„Dann? 09.00 bis 17.00 Uhr: Dösen auf der Poolliege. 17.00 Uhr: Fertigmachen zum Abendessen."

Anja ließ den Löffel fallen.

„Habt ihr denn nie irgendwas anderes gemacht?"

Nadja nahm noch einen gut gehäuften Löffel Erdbeeren mit Sahne.

„Doch, doch. Ab und zu hat er sich vom Animationsteam dazu hinreißen lassen, an einigen von diesen dämlichen Unterhaltungsspielchen teilzunehmen; Dartwerfen und so was. Alles, was nicht mit Anstrengung verbunden ist und nicht mehr als fünfzig Schritt entfernt von der blockierten Liege stattfand."
„Mein Gott."
Anja legte ihrer Schwester einen Arm auf die Schulter.
„Warum hast du uns denn nie was erzählt?"

Nadja zuckte die Schultern.
„Wahrscheinlich habe ich mich geschämt. Keiner sollte mitkriegen, dass mein Bilderbuchbräutigam eine Lusche war. Du weißt ja: Die Ehe ist blütenweiß. (Hallo, Frau de Mol)."

Dazu kam, dass Peter dann auch Tag für Tag weniger so aussah wie am Tag der Vermählung.
„Damals trug er Größe L ... Heute: XXL."
Nadja zündete sich eine Zigarette an.
„Ich konnte machen, was ich wollte. Der Typ hat sich zu nichts, aber auch gar nichts bewegen lassen. Das war eine faule Socke hoch drei."
„Aber bei der Hochzeit wirkte der wie das blühende Leben selbst?"
„Bluff, alles nur Bluff. Und ich war darauf reingefallen. Wie sagt man: Liebe macht blind."
„Wenigstens habt ihr auf Kinder verzichtet."
„Ja", sagte Nadja. „Was ein Glück."
Anja verschwand in der Küche, um eine Flasche Sekt aus dem Kühlschrank zu holen.

„Obwohl du ja eigentlich immer ganz gerne welche wolltest, so viel ich weiß."

Nadja drückte die Zigarette aus.

„Ganz früher: Ja. Am Anfang der Ehe auch noch. Heute sowieso nicht mehr. Außerdem: Schon mal was von der biologischen Uhr gehört? Mit achtunddreißig ist das ja wohl alles ein bisschen spät, nicht?"

Anja kam mit einer geöffneten Sektflasche und drei Sektflöten zurück.

„Zu spät ist es, glaube ich, gar nicht mal. Denk doch nur mal an die Frau von dem Lafontaine."

Anja goss Sekt ein. Wir prosteten.

„Darauf, dass es auch noch andere Männer gibt."

Nadja trank ihr Glas in einem Zug aus. „Auf den Rest."

„Und darauf, dass Rudolf kein Couchpotatoe wird."

Anja goss nach.

„Und jetzt erzähl uns doch noch mal, wie das mit diesem Michael war."

Nadja. Der Seitensprung

„Das erste Mal sahen wir uns auf diesem Englischlehrgang im Maritimhotel. Englisch für die Truppe. Er saß mir im Unterricht gegenüber und sah in der dunkelblauen Marineoffiziersuniform einfach zu gut aus. Er starrte mich pausenlos an, was ich klasse fand. Michael war genau das Gegenteil von Peter."

„Ach – wie?"

„Unterhaltsam. Spritzig. Agil. Ein bisschen verspielt. Poetisch."

In den Mittagspausen gingen sie in den Rheinauen spazieren; sie besuchten das Haus der Geschichte, das Museum König; sie wanderten nachmittags im Siebengebirge; und sie wurden ein Liebespaar.

Das Ganze hatte nur einen Haken. Eigentlich zwei.

Beide waren verheiratet.

Und Michael hatte dazu noch zwei Kinder, eine Neunjährige und einen Siebenjährigen. Und die Familie lebte in Bremen. Nicht mal eben um die Ecke.

„Ich will dich öfter sehen", sagte Nadja, als sie eines Abends in einem Bonner Altstadtcafé saßen und Händchen hielten.

„Ich dich auch. Wird aber nicht einfach sein."

„Lass uns überlegen. Noch bleiben uns zwei Tage."

Am letzten Lehrgangstag hatten sie eine Lösung gefunden.

„Wir treffen uns weiter."

„In der Mitte. In Münster."

„Einverstanden", sagte Nadja. „Aber erst in drei Wochen. Ein früherer Termin würde den beiden auffallen und Misstrauen wecken. Und das muss ja nicht sein."

Michael überlegte.

„Das Ganze muss sauber getarnt sein."

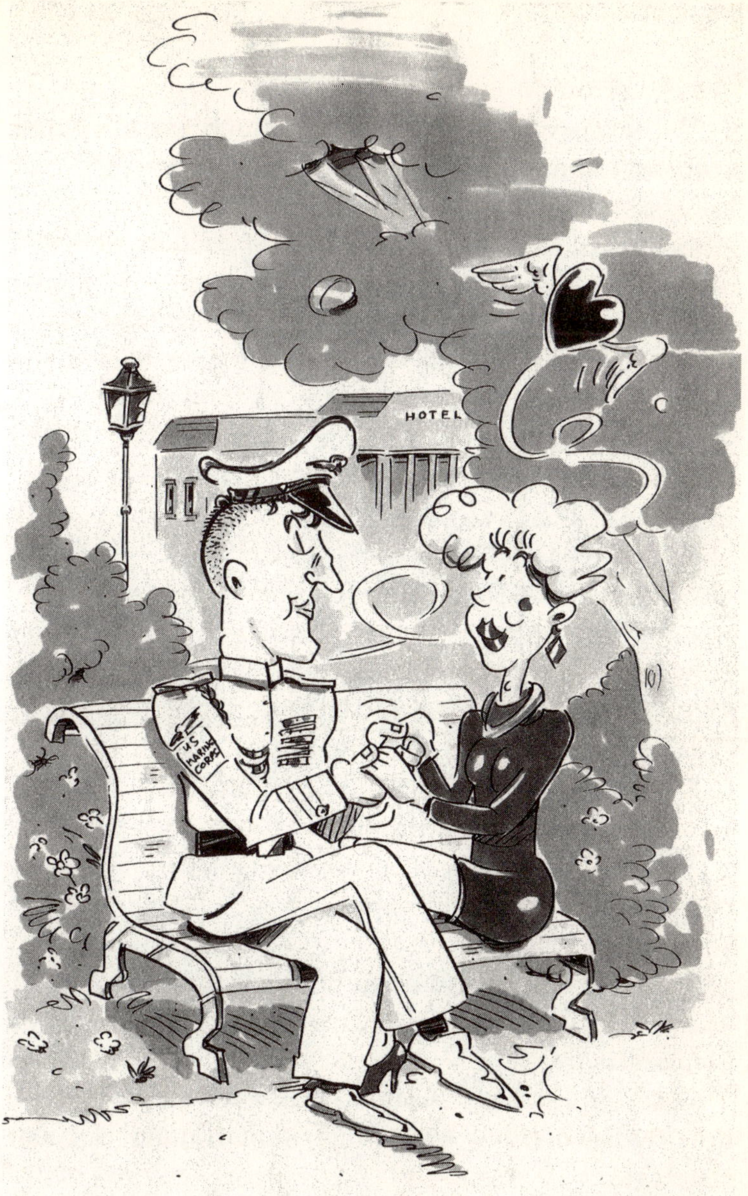
HOTEL
U.S. MARINE CORPS

Nadja schnippte.

„Wir konstruieren weitere Sprachlehrgänge. Quasi: Aufbauseminare. Jeweils am Wochenende und alle zwei bis vier Wochen."

Michael runzelte die Stirn.

„Könnte gehen. Aber da fehlt noch was. Ich meine: Wir können denen doch nicht einfach erzählen: Hallo, Schatz, ich muss da mal wieder zu einem Sprachlehrgang. Das kaufen die uns so nicht ab."

„Oh doch", sagte Nadja. „Sie werden. Wenn sie die Einladungen schriftlich vorliegen haben. Mit Unterschrift und allem, was dazu gehört."

Und dann erklärte ihm Nadja ihren genialen Plan.

Sie selber verfügte über die Formulare für solche Einladungen auf ihrer Dienststelle. Sie würde diese ausfüllen (Ort, Datum, Einladung) und an ihre Hausadressen schicken.

„Und die Unterschrift?"

„Wir nehmen ein Faksimilie."

„Richtig", sagte Michael. „In diesem Fall reicht das vollkommen. Ist echt genug."

„Auf jeden Fall müssen wir dann zu Hause so tun, als wären wir vollkommen überrascht, unangenehm, hi, überrascht."

Und Urkundenfälschung sei das auch nicht, erklärte ihm Nadja, denn es würde niemandem damit Schaden zugefügt.

„Lass mich nachdenken."

Michael spielte die ganze Aktion imaginär durch. „Da gäbe es allerdings noch ein kleines Problem."

„Welches?"

„Wenn unsere lieben Ehepartner eine Telefonnummer haben wollen, um uns mal anzurufen."

Aber auch hierfür fanden sie eine Lösung.

„Wie erfinden eine Kaserne. Eine Kaserne, die soeben erst gebaut wird und lediglich aus einem Gebäude, allerdings noch ohne Telefonanschluss besteht."

„Genau", stimmte Nadja bei. „Und da wir nicht angerufen werden können, übernehmen wir das Anrufen selber. Hi. Wie nett von uns."

Michael rieb sich die Hände. „Das ist genial. Absolut genial."

„Und jeder von uns kauft sich ein Schulheft und kritzelt während der Bahnfahrt nach Münster irgendwelche englische Texte aus einem Englischbuch ab. Natürlich fehlerhaft."

„Um sie dann mit Rotstift selber zu korrigieren."

„Und zu benoten. Wuhaha."

„Nach dem Motto: Schau mal, Schatz, ich habe eine Drei geschrieben. Hi."

Michael haute mit der Faust auf sein Knie.

„Das nenne ich: Generalstabsmäßige Planung."

„Yes, sir!" Nadja salutierte gespielt.

Und so trafen sich Nadja und Michael zwei Jahre lang regelmäßig jedes zweite oder dritte Wochenende in Münster.

Weder Nadjas Mann noch Michaels Frau schöpften

irgendwelchen Argwohn. Ihnen fiel noch nicht mal auf, dass sich die Sprachkenntnisse ihrer Ehepartner nicht um einen Hauch verbesserten.

Auch wunderten sie sich nicht, dass die Kaserne, in der die Lehrgänge stattfanden, niemals fertig gebaut wurde, beziehungsweise keinen Telefonanschluss bekam. (Die Bundeswehr muss halt auch sparen.) Und am allerwenigsten bemerkten sie, dass ihre Partner an den Montagen danach so ungewohnt glücklich aus der Wäsche guckten.

Statt dessen erfreuten sie sich an den tendenziell besser werdenden Prüfungsnoten. „Na also. Bringt doch was, so ein Lehrgang."

Nadja nahm eins von meinen „mon cheries", die ich mitsamt Packung aus meinem Geheimversteck (hinter der Couch) gezaubert hatte (damit Anja mir nicht wieder alle wegaß, bevor ich eine bekam).
„Ich sag's euch: Das hätten die niemals spitz gekriegt."
„Die wollten vielleicht gar nicht. Oder?"
Nadja grinste.
„Kann sein. Bei Peter wäre das ganz und gar nicht ausgeschlossen gewesen; bei dem hatte ich sogar den Eindruck, dass der sich jedesmal freute, dass er über das ganze Wochenende seine Lieblingssendungen sehen konnte, ohne dass ich Einspruch erheben konnte."
„Und Michaels Frau?"
„Elisabeth? Weiß ich auch nicht. Wir haben uns nie kennen gelernt. Dafür hatte ich das außerordentliche Vergnügen, Michaels Kinder kennen zu lernen."

Anja nahm sich gleich zwei von meinen Pralinen und ließ sie in ihrem Mund verschwinden.

„Klang das eben ein wenig ironisch, Schwesterherz?"

„Aber ja", sagte Nadja. Und zündete sich die nächste Zigarette an.

Nadja. Die kleinen Teufelchen

Nach zwei Jahren heimlicher Treffen in Münster kamen beide zu dem Schluss: „Wir sagen's denen. Egal was passiert."

Sie taten es mit folgenden Ergebnissen:

Michael verließ seine Frau, die das Ganze mit stoischer Ruhe aufnahm, und mietete eine 50 Quadratmeter Wohnung in einem Dorf, acht Kilometer nördlich von Bremen. Die Scheidung wurde erwogen, aber nicht eingereicht, da man sich Optionen offen halten wollte. Und außerdem: Warum die Anwälte reich machen?

Nadja kündigte ihren Job beim Kreiswehrersatzamt (ohne einen neuen zu bekommen), reichte mit Peter die Scheidung ein (die Anwälte freuten sich) und zog von Bonn nach Bremen zu Michael.

„Außerdem wollte Michael die Möglichkeit nicht verlieren, die Kinder regelmäßig sehen zu können. Und hinzu kommt auch noch, dass eine Scheidung in seinen Kreisen halt nicht gerne gesehen wird. Wahrscheinlich hätte das Ganze einen empfindlichen Karriereknick nach sich gezogen; er stand kurz vor seiner Beförderung zum Kapitän."

„Sch... Männer", entfuhr es Anja.

Und sie nahm mein letztes „mon cherie".

„Wenigstens war er an Land stationiert, und wir sahen uns täglich."

„Am Anfang war das ja auch ganz schön. Obwohl ich keinen neuen Job bekam und mich tagsüber gewaltig langweilte. Kein Geld in der Tasche, kein Auto, keinen Job - und das Langweilerdorf."

Anja zwickte ihre Schwester in die Seite.

„Waren die Nächte dann wenigstens schön?"

Nadja blies den Zigarettenrauch hastig aus.

„Es geht. Vorher war das alles wesentlich besser."

Die beiden lachten vertraut.

„Weißt du, irgendwann hört das Prickeln auf."

„Kennt man ja", sagte Anja und warf mir einen empfindlichen Blick zu.

Unwillkürlich zuckte ich zusammen.

Warum eigentlich?

Jedenfalls, so erzählte Nadja, standen drei Monate nach ihrem Einzug bei Michael urplötzlich die beiden Kinder an der Tür.

„Die sahen ganz putzig aus. Und richtig gut angezogen. Naf Naf, Oilily und so was."

„Und?" Anja begann hinter die Couch zu langen, in der Hoffnung zwischen Rückenlehne und Wand noch eine Pralinenpackung zu finden. Sie wurde fündig. Allerdings waren es keine Pralinen.

„Du meinst: Ob die auch nett waren?"

„Genau das."

Anja hielt einen Playboy in ihren Händen. Ihre Blicke töteten.

„Zusammengefasst könnte man sagen: Lieb waren sie schon."

Anja legte mir die Zeitschrift demonstrativ auf den Tisch.

„Aber nicht so richtig lieb. Irgendwie (zischend) waren es Teufel."

„Du bist also die neue Mutti?", fragte das Mädchen.

„So in etwa. Quasi."

„Du siehst aber cool aus", sagte der Junge und bewunderte Nadjas Oberweite. „Viel mehr als Mama. Gehst du mit uns Eis essen?"

Nadja blickte auf ihre Uhr.

„Es ist zwölf. Habt ihr denn keine Schule?"

„Nö", sagte das Mädchen. „Können wir jetzt?"

Der Junge bohrte in seiner Nase.

„Weiß euer Papa denn, dass ihr hier seid?"

„Nö", sagte das Mädchen. „Sagst du ihm doch früh genug."

„Können wir jetzt?"

Nadja warf sich eine Jacke über und verließ mit den beiden das Haus.

Zwei Stunden später bezahlte sie fünf Eisbecher, zwei große Milchshakes und zwei Espresso. Wobei die zwei

Espressos (für sie selbst) den kleinsten Posten der 70-DM-Rechnung ausmachten.

Inzwischen hatten ihr die Kinder erzählt, dass sie den Weggang des Vaters nicht im Geringsten bedauerten, ihre Mutter auch nicht.

„Die Mama findet den Papa nämlich gar nicht so cool", hatte ihr das Mädchen zugeflüstert. „Der hat zu Hause überhaupt nichts getan; noch nicht mal beim Spülen geholfen."

„Und gespielt hat er mit uns auch nie."

„Dafür hat er beim Essen immer so Geräusche gemacht."

In Nadjas Vorstellung zogen dunkle Wolken auf.

„Wie war der Papa denn zur Mama?"

Der Junge zuckte die Schultern. „Keine Ahnung."

Das Mädchen kam an Nadjas Ohr. „Die haben überhaupt (geheimnisvoll) nicht mehr rumgeknutscht. Der Papa hat auch immer anderen Muttis nachgeguckt ... Wenn du weißt, was ich meine."

Nach dem Eiscafé kamen sie an einem Spielwarengeschäft vorbei.

Die beiden drückten ihre Nasen an dem Schaufenster förmlich platt.

„Kaufst du uns einen Diddl?"

Eine halbe Stunde später besaßen Michaels Kinder eine große Stoffmaus, zwei Plastikmäuse, einen Legoroboter und Basecaps.

Sie bedankten sich mit einem nicht sehr euphorischen: „Danke, Nadja."

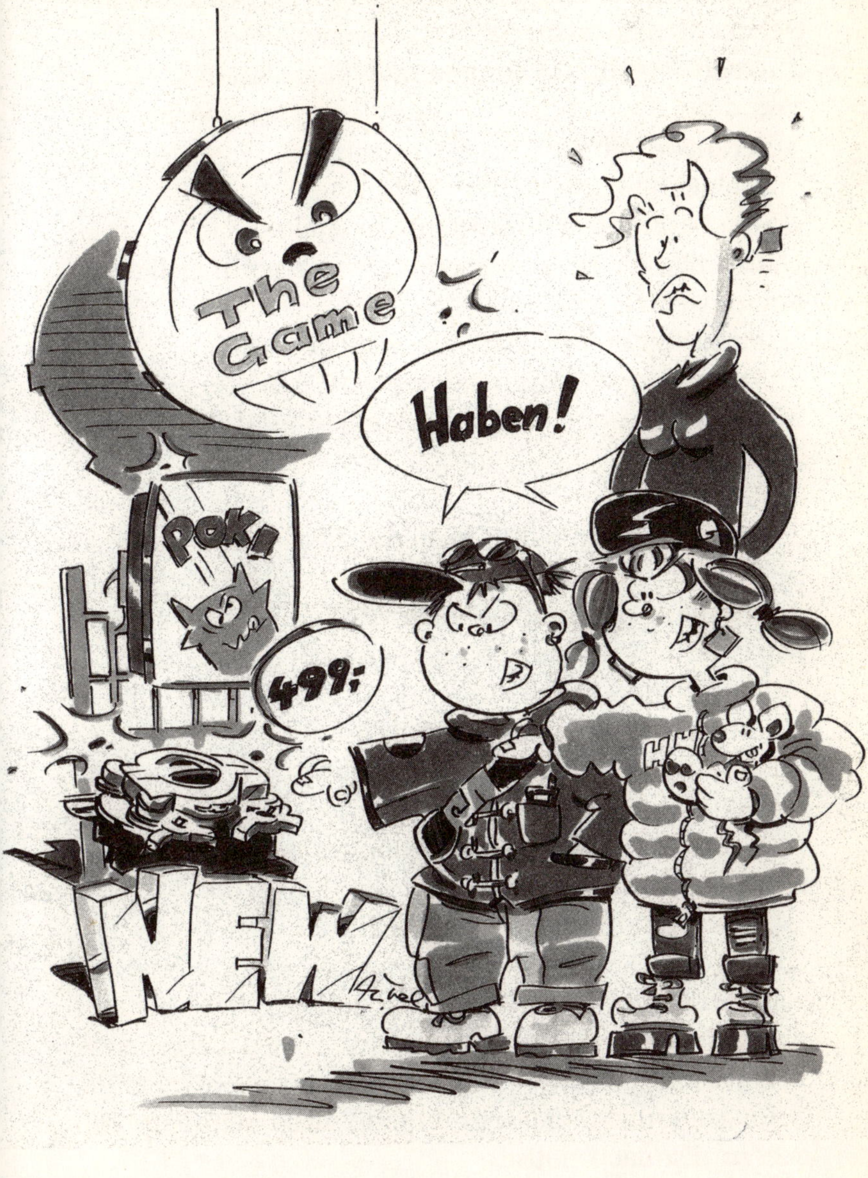
The Game
Haben!
POK
499,-
NEW

Nadja unterbrach den Spaziergang beim Geldautomaten der Sparkasse; die 180 DM für die Spielwaren hatten ihre Barbestände auf annähernd Null gebracht.

„Ich habe Hunger", sagte der Junge.
„Ich auch."
Nadja konnte das Gehörte nicht glauben.
„Ihr müsstet doch pappensatt sein nach den Eismassen, die ihr verdrückt habt?"
„Eis sättigt nicht", sagte das Mädchen altklug.
„Wir gehen zu McDonalds", schlug der Junge vor. Das heißt: Er befahl es.
„Aber ..."
„Oh bitte, Tante Nadja!" Das Mädchen schaute sie mit großen Kulleraugen an; Nadja konnte nicht widerstehen.
Um 18.00 Uhr kam sie mit den Kindern zurück, vierhundert Mark ärmer.
Und Michael würde erst gegen 20.00 Uhr kommen, um sie von den beiden zu befreien.
Bis dahin saßen die beiden vor dem TV und schauten andächtig MTV und VIVA. Wobei der Junge den Ton so laut gestellt hatte, dass mehrmals Nachbarn anriefen und sich beschwerten.
Unter Auferbietung ihrer gesamten Überzeugungskunst gelang es Nadja, die Lautstärke wieder auf normal zu reduzieren.

Um 20.30 Uhr kam Michael (pardon, mein Häschen, wir hatten noch eine Besprechung) und brachte die beiden zurück nach Hause.

Nadja war fix und fertig und ging augenblicklich zu Bett. Wilde Alpträume plagten sie.

„Und dann?"
„Dann folgte der Dienstag. Die beiden standen schon um neun vor der Tür."
Sie überredeten Nadja dazu, mit ihnen einen Zug zu besteigen und nach Bremerhaven zu fahren. Dort besuchten sie eine Marineausstellung, einen Kindermodenladen, ein Nordseerestaurant, einen Pizza Hut, eine Eisdiele und ein Kino. Nadja besuchte zwischendurch noch einen Geldautomaten. Denn schon um 16.15 Uhr war sie weitere 500 DM los und mal wieder blank.

Gegen Abend trafen sie in der Wohnung ein. Michael, der sie bis zu diesem Tag noch mit einem dicken Kuss zu begrüßen pflegte, verzichtete auf die liebevolle Gewohnheit, was Nadjas Stimmung nicht gerade besserte, und brachte die Kinder nach Hause.
Als er zurückkam, schlief Nadja bereits tief.

„Du bist aber auch viel zu gutmütig", sagte Anja. „Ich hätte die zwei schon längst ..."
Nadja winkte ab.
„Hätte, hätte, hätte. Habe ich aber nicht. Und hättest du auch nicht. Denn immerhin waren es ja die Kinder des Mannes, den ich liebte. Da klappt das nicht so ohne weiteres."
„Siehste mal", sagte ich. „Du wolltest ja immer Kinder."
Giftblicke von Anja.

Am Mittwoch klingelte es bei Nadja um neun. Wie gehabt.

Nadja ahnte, wer vor der Tür stand und beschloss, nicht zu öffnen. Statt dessen verhielt sie sich absolut geräuschlos, um den Eindruck zu erwecken, niemand sei zu Hause. Kein Radio lief, keine Kaffeemaschine, keine Dusche, keine Wasserspülung.

„Um zwölf gab ich auf und öffnete."

„Guten Morgen, Tante Nadja."

Die beiden hatten sage und schreibe drei Stunden auf der Treppe gesessen.

Nadja verstellte ihre Stimme so gut es ging und versuchte krank zu wirken.

„Äh ... Ich fühle mich heute nicht so gut..."

„Macht nichts", sagte der Junge. „Dann gehst du ein bisschen mit uns raus, und dir wird besser."

„Bitte, liebe Tante." Hundeblick.

Gegen 18.00 Uhr war Nadja weitere dreihundert Mark los, hatte zwei Laufmaschen, einen abgebrochenen Absatz und Blasen an den Füßen. Sowie drei Stunden MTV und VIVA vor sich.

„Und wie lange hast du das mitgemacht?"
„Vier Wochen."
„Ganz schön blöd."
Nadja zündete sich die nächste Zigarette an.
„Nach vier Wochen war mein Konto überzogen, die Nerven blank, und Michael entwickelte sich galoppierend zum Couchlümmel."

Aber das Schlimmste waren die Wochenenden.

Denn die lieben Kleinen waren rund um die Uhr da; übernachten konnten sie auf der Wohnzimmercouch, an die Michael zwei Sessel heran geschoben hatte, so dass eine ausreichend große Liegefläche entstanden war.

Den Turteltauben wäre auch gar keine andere Wahl geblieben, denn Elisabeth gönnte sich einen vierwöchigen Spontanurlaub auf den Bahamas mit ihrem jüngeren Liebhaber; somit waren vollendete Tatsachen geschaffen.

Nadja rauchte hastig.

„Dann habe ich von heute auf morgen Schluss gemacht; unsere Mutter angepumpt; mir drei Wochen Mallorca gegönnt und bin ausgezogen."

„Und Michael?"

„Der A..... hat die Wohnung gleich aufgelöst und wurde mit wehenden Fahnen wieder im trauten Heim begrüßt. Friede, Freude, Eierkuchen. Selbstverständlich darf Elisabeth ihren Lover behalten. Als Ausgleich für Michaels Fehltritt, sozusagen."

„Ist ja irre."

„Und jetzt – jetzt habt ihr mich wieder. Voilà. Hier bin ich."

Aber man/frau lernt ja nie aus.

Denn Nadja hat mal wieder einen supertollen Mann kennen gelernt.

Er war schon einmal verheiratet.

Er hat zwei Kinder, die gerne Billard spielen.

Wo nichts gegen spricht.

Nadja war gestern mit ihm und den Kleinen in einem Restaurant.

Während des Aperitifs spielten die Kinder Billard.

Hinter dem Billardtisch befindet sich ein Aquarium, prallvoll mit Fischen, Krabben und Hummern.

Nadja saß sehr nahe an dem Aquarium.

Nicht alle Kinder beherrschen das Billard, auch wenn sie es gerne spielen.

Nicht alle Kinder beherrschen den Impulssatz und die Ballistik.

Nicht alle Aquarien besitzen Panzerglasscheiben.

Was für ein Abend!

Horst stieg die Treppenstufen hoch. Sein Herz klopfte; es war die erste Verabredung mit ihr.
Und dann gleich nach Hause. Wenn das mal nichts zu bedeuten hatte.
Er zupfte noch einmal an seiner Krawatte. Sitzt.
Als er die letzten Stufen nahm, schob er sich noch zwei Fisherman in den Mund. Man weiß ja nie.

Er hatte Patrizia in einem Tanzlokal angesprochen. Das war jetzt eine knappe Woche her.
Sie hatten sich nur zehn Minuten unterhalten können, als Patrizias Freundin kam und zum Aufbruch drängte. Zum Tanzen hatte es nicht mehr gereicht.
Im Weggehen hatte sie ihm ihre Karte gegeben. Macht eine Dame so etwas, wenn sie den Herrn uninteressant findet? Horst klingelte.
Nichts passierte.

Nach zwanzig Sekunden wiederholte er das Klingeln.
Immer noch tat sich nichts. Er presste seine Ohren an die Tür und lauschte.

Leise konnte er klassische Musik vernehmen. Dann kamen Schritte näher.

Die Tür öffnete sich, und Patrizia blickte ihn erstaunt an.

„Schon da?"

Horst überreichte ihr ein kleines Blumenbündchen.

„Pünktlich. Auf die Minute."

Patrizia trug einen grau wollenen Jogginganzug. Sie war ungeschminkt und gefiel Horst nicht mehr ganz so gut wie in dem Tanzlokal. Aber noch gut genug.

„Komm rein. Fühl dich wie zu Hause und störe dich nicht an der Unordnung. Ich hatte noch keine Zeit, aufzuräumen."

Die Wohnung war piccobello. Nicht die Spur von Unordnung.

Patrizia liebte es spartanisch modern. Chrom und Glas. Insgesamt wenig Möbel. In der Mitte des Wohnzimmers eine Couch, zwei Sessel, ein riesiger Fernsehapparat. Nicht eine einzige Pflanze.

„Tut mir Leid, dass ich noch nicht umgezogen bin. Aber es ist wieder mal länger geworden in der Firma, und dann der Berufsverkehr – du weißt ja."

„Ich weiß."

Horst setzte sich auf die Couch. Patrizia organisierte ein Wasserglas und drückte es ihm in die Hand, aus der Küche brachte sie eine angebrochene Tüte Vollmilch.

„Begnüge dich erst mal damit."

Dann verschwand sie Richtung Badezimmer. Er hörte noch ein: „Du kannst fernsehen ..."

Horsts Laune sackte weiter, zumal er nicht auf Vollmilch stand.

Er schaltete den Fernseher an und erfreute sich an der Werbung. Edel kostümierte Menschen genossen auf einer Yacht in der Karibik edle Köstlichkeiten. Anschließend ein Spot für Spitzenwäsche. Und Horst überlegte, ob Patrizia sich im Badezimmer vielleicht gar nicht um-, sondern auszöge.

Seinen sich zur Hoffnung verdichtenden Spekulationen wurde dann, eine viertel Stunde später, ein Ende gesetzt. Patrizia war angezogen.

„Gefällt es dir?"

Sie trug einen marineblauen Anzug mit tailliertem Schnitt, dazu passende Wildlederpumps und zu viel Goldschmuck. Weniger wäre mehr gewesen, dachte Horst.

„Ach ja – beinahe hätte ich's vergessen, dir zu sagen. Gleich kommen noch Ute und Michael."

„Davon hast du mir am Telefon aber nichts erzählt!"

„Entschuldige. Aber das habe ich mit Ute auch gestern erst ausgemacht. Spontan, quasi."

Horst erreichte launenmäßig einen Tiefpunkt.

Sie setzte sich ihm gegenüber auf einen der Sessel.

„Diesen Michael kenne ich selber noch nicht. Aber Ute sagte, er sei total süß. Und acht Jahre jünger. Sie sind erst zwei Wochen zusammen."

Wenig später klingelte es an der Wohnungstür.
„Das müssen sie sein." Patrizia ging öffnen und ließ die beiden herein.

Ute stellte sich als halbwegs attraktive Enddreißigerin heraus, Michael als Jeans- und Turnschuhkandidat. Die beiden passten optisch überhaupt nicht zusammen. Zumal Ute Unmengen von Bräunungscreme und Lippenstift aufgelegt hatte und Michael durch Blässe und Aknepickel auffiel.
Man begrüßte sich mit Küsschen.

„Na, ihr Süßen. Was habt ihr euch denn so vorgestellt für heute Abend?"
Ute goss sich Vollmilch in das von Horst bis jetzt unbenutzte Glas ein.
Beim Trinken verzog sie das Gesicht, offenbar war die Milch sauer.
„Auf keinen Fall in die Disko", sagte Patrizia. „Das wäre heute wirklich das Letzte, wo ich hin wollte. In Diskos läuft eh nur Schrott rum."
Horst wurde nachdenklich.

„Gestern wolltest du aber noch", entgegnete Ute.
„Gestern! Was interessiert mich gestern?!"
„Bei dir weiß man aber auch nie."
„Keine Disko. Basta."
„Auch nicht ins ‚OMEN'?"
Patrizia schüttelte ihre rotbraune Mähne.
„Für diese lebenden Leichen auch noch Eintritt zahlen?!"
„Viel zu teuer", kam es leise von Michael.

„Du hälst dich da raus", überfuhr ihn Ute.

„Und was schlägst du vor?" Patrizia blickte Horst erwartungsvoll an.

Er überlegte kurz.

„Kino. Kino wäre nicht schlecht."

„Hm", sagte Ute. „Wieso nicht?" Allgemein zustimmende Gesten.

„Bloß, in was für einen Film?"

„Ich glaube, ich habe eine Zeitung mit Kinoprogramm in der Küche."

Patrizia fand das Gesuchte und kehrte mit einer aufgeschlagenen Zeitung zurück. Sie begann zu lesen.

„Im ‚UFA' läuft der neue ‚James Bond', fasste sie das Gelesene zusammen. „Käme auch zeitlich ganz gut. Fängt 20.30 Uhr an, und auf die Werbung könnten wir ja wohl verzichten."

„Primitive Massenunterhaltung", kam es von Michael, der neben Horst auf der Couch saß.

„Quatsch! Das ist nicht primitiv; das ist technisch maximal brillant. Und dieser supergutaussehende Pierce Brosnan, hm (zu Patrizia), das wäre was für uns. Gell?"

Michael schmollte, während Patrizia begeistert zustimmte.

„Endlich mal ein richtig gutaussehender Mann."

Horst spürte eine Faust im Magen. Für ihn klang das Ganze so, als hätte sie beigefügt: „... wo doch hier keine gutaussehenden Männer sind."

Patrizia studierte das Programm weiter.

„Vielleicht können wir ja auch in ‚Deadline Zero'

gehen." Sie schnalzte mit der Zunge. „Mit diesem total süßen Amerikaner. Dieser maskuline Typ mit dem Pferdeschwanz und dem knallharten Waschbrettbauch ... Hui."

Michael schaute an sich herunter, bis sein Blick an der Bauchrolle kleben blieb, die sich gefährlich über den Gürtel geschoben hatte. Im Sitzen kam die Rolle extrem.

„Das ist ja wohl noch primitiver. Brutale, geistlose Action."

„Klappe, Süßer! Wenn wir da reingehen, lad ich dich ein, und dann ist es doch wohl okay. Oder?"

Michael zuckte die Schultern. Horst bekam ein wenig Mitleid.

„Oder wir gehen in ‚Hot summer dreams'. Mit Benny O Neill."

Ute kreischte auf. *„Mister Womanizer* in Person. Wow!!"

Patrizias Augen glänzten. „Der sieht so scharf aus, der Typ. Den hab ich schon in ‚New York Desaster' gesehen. Ich sage dir: Megamäßig. Da hebst du ab!"

Horst wurde übel. Wie alt waren die?

„Und der ist auch nicht so alt wie Brosnan. Hi."

„Süße, putzige, schnuckelige ZWEIUNDZWANZIG!"

Horst musste schlucken.

„Young Lover!"

„Uiuiui würd ich den gern mal." Die beiden kicherten. Diplomkauffrau und PR-Leiterin.

„Da müssen wir rein!"

„Gibt's nicht irgendwas anderes?" Michael gab nicht auf.

Utes Blick wurde eiskalt. „Doch ... Es gibt da etwas anderes ... Stimmt's, Patrizia?"

„Allerdings. Es gibt eine echte Alternative. Eine Superalternative ..."

„Auf Pro 7."

„Um viertel nach."

„Die Alternative zu jedem Programm schlechthin."

„Geheimnisse der Tiefsee."

„Mit Jaques Benoit Drome. Dem schönsten Mann Frankreichs. 180 Zentimeter Muskeln pur. Stahlblaue Augen. Blauer als die von Paul Newman. Und einen absolut knackigen ..."

„Das will ich sehen."

„Und ich auch!"

Patrizia schaltete mit der Fernbedienung auf Pro 7 und warf einen Blick auf ihre Armbanduhr.

„Noch fünf Minuten. Gott! Bin ich aufgeregt."

„Jaques Benoit Drome. Uiuiuiuiui."

„Endlich mal ein richtiger Mann. So richtig knackig."

„Und nicht so alt."

Horst spürte stechende Schmerzen aus sämtlichen Ecken seines Körpers.

„Mit dem könnte ich mir voll was vorstellen." Utes Blick war eindeutig.

„Und ich erst mal."

„Würdest du im Falle eines Falles mit mir teilen?"

Die beiden prusteten gleichzeitig los und schlugen sich auf die Knie.

„Nie!!!! Huhuhuhuhu..."

Horst räusperte sich. Michael schmollte weiter vor sich hin.

Patrizia gab Ute einen Knuff.

„So ganz nebenbei – Heinz Peter hat mir heute 38 langstielige Baccararosen in die Firma geschickt."

„Nein!"

„Doch!"

„Mein Gott", schmachtete Ute. „Was muss der dich heiß lieben."

„Und er lässt es sich was kosten. Na ja – wer hat, der hat."

Horst musste an das mickrige Blumensträußchen denken.

„Na, so als Arzt verdient er ja auch nicht schlecht. Ist er nicht schon Chefarzt?"

„Noch nicht", sagte Patrizia. „Aber er steht jetzt an."

„Du hast aber auch ein Glück!"

Dumm, dachte Horst, dass ich kein Chefarzt bin.

Horst stand ruckartig auf.

„Ich muss gehen."

Patrizia schaute ihn vollkommen überrascht an. „Wieso denn das auf einmal?!"

„Ich ... Ich habe einen ganz dringenden Termin. Ist mir gerade erst eingefallen. Ist geschäftlich total wichtig."

„Aber ..."

„Ich muss weg. Sofort."

„Schade."

Er machte Anstalten, loszugehen.

„Ich ruf dich an."

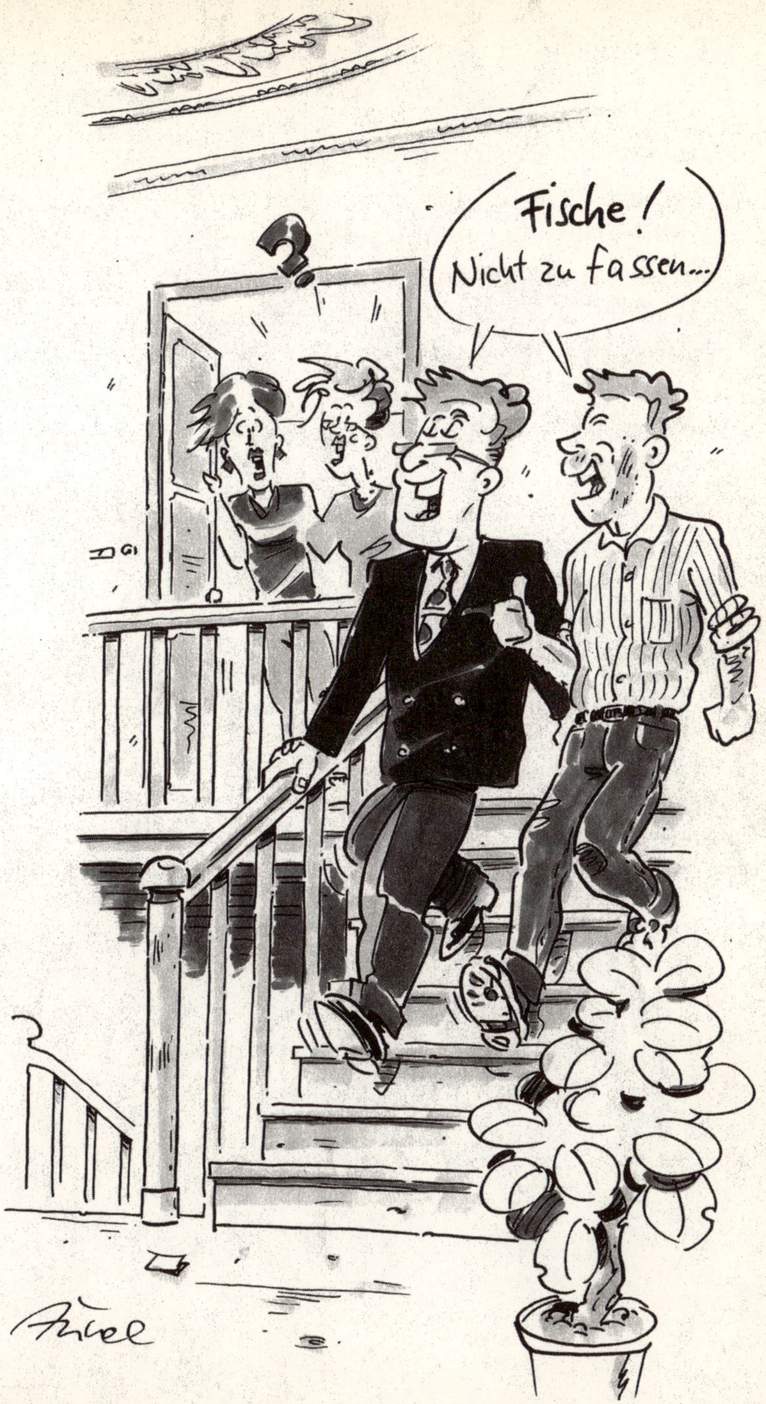
Fische! Nicht zu fassen...

„Wann?"
„Auf jeden Fall. Ehrlich."
Er ging zielstrebig auf die Wohnungstür zu.
Plötzlich sprang Michael auf.

„Warte, Horst!"
Horst hielt inne und drehte sich um. „Was ist los?"
„Mir ist gerade eingefallen, dass ich noch was Wichtiges vorhabe."
„Was soll das?!!" Utes Stimme überschlug sich.
Im Türrahmen warf er ihr noch eine Kusshand zu. „Ciao, Amore."

Im Treppenhaus mussten sie unwillkürlich lachen.
„Wir gucken uns doch keinen Film über Fische an ... Hi."

Für jeden etwas!

Alles, was Sie schon immer über Sex wissen wollten und bisher noch nicht zu fragen gewagt haben, erfahren Sie in diesen drei brandheißen, superwitzigen Ratgebern.

Mick Valentin/Stefan Lintl
Sex über 30
ISBN 3-8231-1322-4
EAN 9783823113225

Jeder Band hat 80 Seiten
mit ca. 30 Farbcartoons
Format: 16 x 18,5 cm
Preis DM 16,80/öS 123.-/sFr 16.-

Jörg Berendsen/Marvin Chlada/Karsten Schley
Sex über 40
ISBN 3-8231-1321-6
EAN 9783828113218

Susanne Bihr/André Sedlaczek
Sex über 50
ISBN 3-8231-1320-8
EAN 9783823113201

Bei Tomus macht sogar das Älterwerden Spaß!

Frauen über 60

Mit 60 beginnt das Leben – ein anderes jedenfalls, als die meisten Frauen es bisher geführt haben. Statt Arbeit, Pflichterfüllung und Stress folgt jetzt die Periode des Entspannens, neuer Aktivitäten, neuer Abenteuer.
Margaret Kassajep beweist in ihren einfühlsamen Geschichten, wie Frauen über 60 heute sind: flott, lebenslustig und auf keinen Fall unterzukriegen.

ISBN 3-8231-0884-0

ISBN 3-8231-0880-8

ISBN 3-8231-0882-4

ISBN 3-8231-0881-6

ISBN 3-8231-0877-8

ISBN 3-8231-0878-6

Jeder Band hat ca. 160 Seiten mit
ca. 20 ganzseitigen Karikaturen.
Format 14 x 21, lam. Pp., DM 19,80/öS 145.-/sFr19.-

ISBN 3-8231-0729-1

fit for Satire pur?

Schonungslos offen, witzig und schrill vermitteln diese beiden knallbunten Ratgeber den garantiert erfolgreichen Umgang mit dem anderen Geschlecht.

ISBN 3-8231-1154-X

ISBN 3-8231-1155-8

Jeder Band hat 64 S. mit ca. 35 ganzseitigen farbigen Zeichnungen, Format 16 x 16 cm, Hardcover
DM 16,80 / öS 123,- / sFr. 16,-

ISBN 3-8231-1150-7

ISBN 3-8231-1152-3

ISBN 3-8231-1151-5

Lernen Sie alles über die hohe Schule der Bosheit, die den täglichen Umgang mit Kollegen, Computern und den steilen Weg nach oben erst ermöglicht.